24시
성범죄
케어센터

법무법인 동광

박영사

서 문

검사 때 있었던 일입니다. 어느 날 필자에게 강간죄 고소사건이 배당되었습니다. 고소인은 남편이 구속된 상황에서 남편의 친구였던 피고소인 A씨에게 많이 의존했다고 합니다. 그런데 어느 날 A씨가 돌변하여 고소인을 강간했다고 주장했습니다. 하지만 A씨의 입장은 이와 전혀 달랐습니다. A씨는 고소인의 남편이 구속된 이후 고소인에게 여러 도움을 주다가 고소인과 교감이 이루어졌고, 이에 합의 하에 성관계를 한 것일 뿐 결코 고소인을 강간한 적은 없다고 했습니다.

필자는 좀 더 면밀히 사건을 살펴볼 필요성을 느꼈습니다. 그리하여 고소인과 A씨가 모텔에 들어가는 모습이 담긴 CCTV와 목격자인 종업원 증언을 확보하였고 두 사람이 함께 갔던 음식점, 신용카드 사용 내역, 전화 통화와 문자 내역 등 모든 것을 종합해 사실관계를 재구성해 봤습니다.

결론적으로 A씨의 말이 사실이었습니다. 고소인은 눈물을 흘리면서 자신의 고소가 무고였음을 자백했습니다. 두 사람의 관계를 의심하던 남편에게 사실대로 이야기할 수 없었던 고소인은 남편에게 A씨로부터 강간을 당한 것이라 거짓말을 한 것이었습니다. 남편은 A씨를 강간으로 고소하라고 지시하였고, 그 지시에 따라 고소를 진행할 수밖에 없었다는 것이 고소인의 고백이었습니다.

이는 성범죄 사건을 수사하기 얼마나 어려운지 단적으로 보여주는 예입니다. 대부분의 성범죄 사건은 안타깝게도 명백한 증거가 없는 경우가 많습니다. 아무래도 성범죄는 둘만 있는 공간에서 이루어지기 때문입니다. 그러다 보니 시각 차이에 따라 사건이 왜곡될 수 있고 진실은 묻힐 수도 있겠다는 생각이 듭니다.

필자는 검사를 16년 이상 해왔고, 현재 변호사로 7년째 활동하고 있습니다. 그 시간 동안 사법 시스템이라는 게 과연 진실을 밝혀내는 데 얼마나 유효한지 생각해 봤습니다. 우리 사법 시스템은 매우 훌륭하지만 그렇다고 완벽한 시스템은 절대 아닙니다. 그렇기 때문에 삼심제가 있는 것이고, 경찰과 검찰의 수사, 검찰 처분에 대한 항고도 있는 것입니다.

'유전무죄 무전유죄(有錢無罪 無錢有罪)'라는 말이 떠오르게 됩니다. 돈 있는 사람은 무죄고 돈 없는 사람은 유죄라는 말입니다. 돈이 있는 사람일수록 유능한 변호사를 선임할 가능성이 높습니다. 선임한 변호사와 함께 증거 수집을 하고 증거에 대한 법률의견을 담아 수사기관 또는 법원에 제출함으로써 억울함 없이 사건을 풀어나갈 수 있습니다. 반대로 변호인이 없다면 어떤 결과를 가져오게 될까요? 아마 억울한 결과가 나오는 경우도 종종 있을 수 있습니다. 변호사 비용이 만만치 않기 때문에 이러한 측면에서 본다면 유전무죄 무전유죄는 일견 맞는 말일수도 있다는 생각이 듭니다.

필자는 이런 연유로 문제의식을 느꼈습니다. 빈부격차라는 현실적 차이로 인해 억울한 사람이 나와서는 안된다고 생각했습니다. 그래서 이 책을 기획하게 되었습니다. 돈이 없는 사람도, 사건의 경험이 없는 사람도 최소한 이 책을 본다면 조금 더 상황을 빠르게 파악할 수 있고 조금 덜 억울할 수 있도록 도움이 되었으면 하는 바람입니다.

한 가지 말씀드리고 싶은 것은 독자들이 이 책을 부디 아무 일 없을 때 예비적으로 읽기를 바랍니다. 상황이 발생하기 전에 이 책을 미리 읽

어놔야 사건이 생기더라도 충분히 대비할 수 있기 때문입니다.

이 책이 독자들에게 전달되어 성범죄에 대한 이해를 도울 수 있기를 바랍니다. 현재 이러한 종류의 책을 시리즈로 출간할 계획입니다. 앞으로 계속 보완해 나가겠지만 지금까지의 경험을 토대로 충실하게 쓰려고 했습니다. 감사합니다.

저자들을 대표하여
법무법인 동광 대표변호사
민 경 철

차 례

CHAPTER 1

피의자편

내가 성범죄 가해자로 고소당했다면

Ⅰ. 사건 직후 대처

Q1. 나의 입장 정하기

얼마 전에 여자인 고등학교 동창생과 오랜만에 만나 술을 마셨습니다. 당시 분위기가 좋기도 하였고 택시도 잘 안 잡히기도 해서 친구에게 모텔에서 자고 가자고 권유하였고, 친구의 동의 하에 성관계도 나누었습니다. 그런데 다음날 아침에 친구가 저를 깨우더니 자신은 전날 밤 일이 전혀 기억나지 않는다면서 저를 고소하겠다고 합니다. 저는 너무 당황스럽고 억울한 상황인데 어떻게 해야 할까요?

성범죄는 범죄의 특성상 목격자나 CCTV가 있는 공간보다 둘만 있는 내밀한 공간에서 이루어지는 경우가 많으므로, 양쪽 당사자의 진술 중 누구의 진술이 더 신빙성이 있는지가 유·무죄 결정에 중요하게 작용합니다.

그렇기 때문에 억울하게 성범죄로 고소당한 경우 나의 입장을 일관되게 진술하는 것이 중요합니다. 이를 위해서 시간 순서대로 본인의 기억을 정리하고 본인의 기억에 부합하는 증거들(사건 전후 나누었던 카카오톡 대화내용, 모텔 현관 CCTV 등)을 꼼꼼하게 검토하며, 사건 초기부터 자신의 입장을 잘 정리하여야 합니다.

성범죄로 고소를 당한 피의자들은 종종 고소를 당했다는 사실에 무척 당황한 나머지 섣부르게 대응하여 불리한 처분을 받기도 합니다. 명백한 객관적 증거가 존재함에도 만연히 성관계 자체를 부인해 버리거나 상대방의 요구에 사과하는 문자 또는 합의를 종용하는 문자 등을 보내는 경우가 대표적인 실수입니다. 초기의 잘못된 대응은 수사의 진행방향과 재판의 결과에 큰 영향을 미칠 수 있으므로 신중하셔야 합니다.

Q2. 사실관계 정리 : 역사적 사실과 증거적 사실을 구별하라고요?

저는 분명 유흥주점에서 상대방의 동의를 받고 키스를 했는데 상대방이 제가 강압적으로 키스를 했다고 주장해요. 사실이 이렇게 명확한데 판단이 달리 나올 수도 있을까요?

대부분의 사람들은 수사기관과 법원에서 실체적 진실을 밝혀줄 것을 기대합니다. 그러나 수사기관과 법원이 인정하는 사실은 객관적 사실 그 자체가 아닙니다.

사실(Fact)은 ① 역사적 사실(Naked Fact)과 ② 증거적 사실(Evidentiary Fact)로 나뉘는데, 수사기관과 법원은 역사적 사실이 아니라 증거를 토대로 재구성된 증거적 사실을 기초로 사건을 바라보기 때문입니다.

예를 들어, 위 사건에서 'A가 유흥주점에서 B의 동의를 받아 키스하였다.'는 것이 실제로 일어난 역사적 사실입니다. 그러나 ① 자신이 수차례 거부했음에도 A가 강제로 키스하였다는 B의 진술, ② A가 강압적으로 B에게 키스를 하는 것을 보았다는 종업원의 진술, ③ 사건을 무마하고자 A가 B에게 "내가 다 잘못했다."고 보낸 문자 등이 증거로 뒷받침된다면 'A가 유흥주점에서 B에게 강제로 키스를 하였다.'는 것이 증거적 사실이 됩니다.

피의자는 본인의 주장이 진실이니 수사기관과 법원에서 알아서 진실을 밝혀줄 것이라고 안일하게 생각하지만, 증거에 따라 수사와 재판이 이루어지는 우리나라 형사사법 특성상 역사적 사실과 증거적 사실이 다른 경우가 흔히 발생하기 때문에 생각지도 못한 결론에 이를 수 있습니다.

더 중요한 점은 피의자가 뒤늦게 이 사실을 인지하더라도 이미 수사나 재판이 상당부분 진행되어 돌이킬 수 없는 단계에 들어갔을 수도 있다는 것입니다. 그렇기에 피의자는 증거 없는 공허한 주장만 할 것이 아니라 본인의 주장에 부합하는 증거들을 제시하여 억울한 상황이 없도록 해야 합니다.

Q3. 상대방에게 잘못했다고 사과해야 할까요?

제가 평소 좋아하던 친구와 술을 먹고 분위기가 좋아져서 성관계까지 하게 되었습니다. 그런데 다음날 친구가 갑자기 저에게 전화를 걸어 자기를 강간한 사실을 당장 사과하라고 소리쳤습니다. 저는 어제부터 그 친구와 사귄다고 생각하고 있었는데 너무 억울합니다. 그래도 이 친구와 좋은 관계를 유지하고 싶은데, 일단 사과하는 것이 맞을까요?

결론부터 말씀드리자면 섣부른 사과는 하지 마십시오. 대부분의 사람들은 상대방이 갑자기 강압적인 태도를 보이면 그 상황을 무마하고자 반사적으로 사과하고 용서를 구하곤 합니다.

그러나 상대방의 '내가 원하지도 않았는데 왜 강제로 성관계를 한 것이냐'는 추궁에 '미안해', '내가 잘못했어', '다시는 안 그럴게' 따위의 잘못을 시인하는 문자를 보내거나 통화를 한 경우, 이는 추후 피의자에게 굉장히 불리한 증거로 활용될 가능성이 높습니다. 일종의 자백처럼 보이기 때문에 추후 수사기관에서 진실을 말하더라도 주장을 번복한다고 오해받을 수 있게 되는 것입니다.

특히 수사기관은 성적 접촉에 강제성이 있었는지 여부를 핵심적으로 판단해야 하는데, 이때 직접증거가 없다면 사건 전후 당사자들의 태도 등을 통해서 간접적으로 강제성 유무를 판단할 수밖에 없습니다. 만약 피의자가 고소인에게 섣불리 사과하는 취지의 말을 하거나 문자메시지를 보냈고 고소인이 그 통화 녹음파일이나 문자 내역을 증거로 제출한다면, 수사기관은 이를 피의자의 유죄를 추단하는 강력한 증거로 삼을 것입니다.

그렇기 때문에 사과를 하고 싶더라도 모든 잘못을 시인하기보다는 '그때 이런 이유로 네가 키스에 동의하지 않았니, 그래도 네가 돌이켜

생각해 불쾌하였다면 그 부분에 대해서 사과할게'라는 식으로 조건부로
사과하는 편이 바람직합니다.

Q4. 경찰관으로부터 조사에 참여하라는 전화가 왔습니다.

갑자기 경찰관으로부터 전화가 와서 제가 고소를 당했고, 경찰서에 와서 조사를 받아야 한다고 하더라고요. 무슨 상황인지 모르겠는데, 다시 경찰관에게 전화해서 물어봐도 괜찮을까요?

통상적으로 고소를 당한 경우 피고소인은 '수사관'이라고 불리는 경찰관으로부터 조사를 받으러 오라는 전화를 받게 됩니다. 만약 정당한 이유 없이 출석을 거부하였다면 체포될 가능성이 있을 뿐만 아니라 추후 수사과정에서 불리하게 작용될 여지가 있습니다. 따라서 수사는 협조적인 태도로 임하되 수사 도중 불합리한 부분이 있다면 자신의 권리를 주장해야 합니다.

피의자의 진술은 조서에 남아 증거로 활용될 수 있으므로 철저한 준비가 필요합니다. 따라서 출석요청을 받았는데 아직 대비가 부족한 상태라면 담당수사관에게 양해를 구하여 조사에 대비할 시간을 확보하는 편이 좋습니다. 공식적인 일정이 이미 있다거나 변호사를 선임할 시간이 필요하다는 등의 사유를 제시할 수 있습니다. 변호사를 선임하겠다는 의사를 밝힌다하여 담당 수사관이 피고소인을 범인으로 단정 짓지는 않으므로 염려하지 않아도 됩니다.

한편 고소사실이 무엇인지가 가장 중요하기 때문에 "수사관님, 혹시 제가 무슨 혐의로 조사를 받는지 알 수 있을까요?"라고 물을 필요가 있습니다. 대부분의 수사관들은 피고소인이 어떤 혐의를 받고 있는지 대략적으로라도 알려줍니다. 이후에는 가까운 경찰서 민원실을 방문하여 정보공개청구서를 작성해 고소장 열람·등사신청을 통해 구체적인 내용을 확인해야 합니다.

만약 본인의 주소지와 관할 경찰서가 달라 너무 먼 곳에서 조사를 받게 된다면 자신의 주소지 관할 경찰서로 이송해 달라고 요청하는 것도 가능합니다.

수사기관에서 수사를 시작하면 아래와 같은 흐름으로 수사가 이루어지니 참고하시기 바랍니다.

1. 경찰 수사단계 도식도   2. 검찰 수사단계 도식도

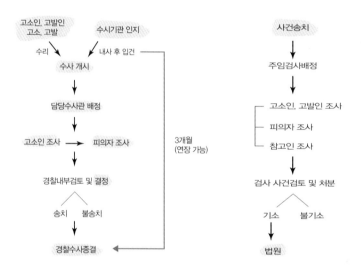

Ⅱ. 경찰 수사단계

Q5. 조사 전에 무슨 준비를 해야 하나요?

저는 아무 잘못도 없으니까 조사받을 때 억울한 부분을 잘 설명하면 수사관님께서 당연히 무죄를 밝혀주실 것이라고 생각합니다. 조사 전에 제가 준비해야 할 것이 있나요?

조사는 대부분의 경우 1~2회에 종료되기 때문에 각 조사마다 최선의 노력을 기울여 혐의를 벗을 수 있도록 해야 합니다. 적절한 준비 없이 조사에 임한다면 자칫 범죄를 저질렀다는 오해를 불러일으킬 표현을 사용할 수 있고, 나아가 이러한 문언이 조서에 기재된다면 추후 이를 번복하기가 쉽지 않습니다. 따라서 조사 전 반드시 철저한 준비가 필요합니다.

조사에 앞서서 필요한 원칙은 다음과 같습니다.

① 고소장 열람ㆍ등사신청을 하여서 고소사실을 확인하라.

② 고소장에 기재된 일자, 장소, 동선 등과 같은 사실관계를 명확하게 정리하라.

③ 본인의 주장을 입증할 만한 증거를 전부 수집하라.

우선, 고소장을 열람하여 고소인이 주장하는 고소사실(언제, 어디서, 어떻게 등)을 꼼꼼하게 검토할 필요가 있습니다. 인간의 기억은 시간이 지날수록 흐릿해지므로 본인의 기억과 고소인의 기억이 다른 지점이 있다면 구체적인 증거를 제시하여 상대방의 주장을 반박해야 합니다.

일반적으로 상대방의 주장을 반박하기 위해 제출할 수 있는 증거로는 ① 휴대전화의 통화내역, ② 신용카드 결제내역, ③ 교통카드 사용기록, ④ 카카오톡 대화내용, ⑤ 통화 녹음파일, ⑥ 블랙박스영상 등이 있는데, 조사 전에 위의 증거들을 정리하여 준비하는 편이 좋습니다.

Q6. 조사는 보통 어떻게 진행되나요?

처음 받는 조사라 너무 긴장됩니다. 조사 받을 때 가지고 가야할 준비물이 있나요? 조사 시간은 어느 정도 소요되고 어떤 순서로 진행되나요?

조사에 필요한 준비물로는, ① 수사관이 신원확인을 위해 신분증을 요구하기 때문에 주민등록증 또는 운전면허증 등을 지참해야 합니다. 또한 ② 수첩 및 필기구를 준비하여 수사관의 질문, 본인의 답변, 추가 확인 사항 등을 메모할 수도 있습니다. 요즘에는 수사관이 메모장과 필기구를 제공하기도 하는데, 만약 이러한 물건들이 적절히 제공되지 않으면 이를 요청하셔도 됩니다. ③ 조사를 마친 후 진술을 기재한 조서에 도장 또는 지장을 찍어야 하므로 도장을 챙겨가도 좋습니다.

서울지방변호사회는 피의자가 조사받는 내용을 기록하여 조사과정을 기억하고 나중에 스스로 변호할 수 있도록 '자기변호노트'를 만들어 배포하고 있습니다. 조사 시 유의점과 함께 무엇을 메모해야 하는지도 구체적으로 제시하고 있으니 조사 시 지참하신다면 유용할 것입니다. 서울지방변호사회나 서울지방경찰청 등의 홈페이지에서 쉽게 다운받을 수 있습니다.

조사 시간은 일반적으로 2시간 내외로 진행되지만 첨예하게 다투어지는 사안인 경우에는 하루가 꼬박 걸릴 수도 있습니다. 가장 먼저 수사관은 피의자의 권리를 설명한 후 이름, 나이, 학력, 재산, 가족관계 등 개인정보를 질문할 것입니다. 수사관이 피의사실에 대해 질문하는 경우 초반에는 단문장답, 즉 짧게 질문하고 길게 답변하도록 유도합니다(ex. "피의자는 OO월 OO일 피해자와 어떤 경위로 만나셨나요?"). 그리고 피의자의 진술 중에 모순되는 부분이 있거나 증거와 배치되는 부분이 있는 경우 이를 기록했다가 후반에는 집요하게 다시 질문하는 경우도 있습니다(ex. "피의자의 진술에 따르면 피해자가 식당에서 피의자에게 먼저 스킨십을 했다고 하는데, 식당 CCTV에는 전혀 그런 장면이 촬영되지 않았는데요?").

조사를 전부 마친 후 수사관은 피의자에게 조서를 다시 읽게 하고 확인하는 절차를 거칩니다. 만약 본인이 진술한 내용과 다른 내용이 기재되었다면 그대로 넘기지 말고 반드시 수정을 요청해야 합니다. 조서의 수정사항이 없다면 도장 혹은 지장으로 간인하는 작업을 끝으로 조사는 종결됩니다.

자기변호노트

❖ 작성 기간 :   년   월   일부터   년   월   일까지

❖ 사건 번호 :

❖ 작 성 자 :   (변호인 :   )

• 자기변호노트는 당신이 조사받는 내용을 그때마다 기록함으로써 조사과정을 기억하고, 나중에 스스로를 변호하는 용도로 사용하도록 만들어진 노트입니다.

• 자기변호노트는 ① 사용설명서, ② 수사절차에서의 당신의 권리, ③ 자유메모란, ④ 자기변호노트 체크리스트로 이루어져 있습니다.

• 국가인권위원회는 피의자의 메모권을 보장하라고 경찰과 검찰에 권고하였습니다. 조사자가 메모를 제지하면, 국가인권위원회가 피의자가 메모할 수 있는 권리(메모권)를 보장하라고 권고했음을 조사자에게 알리세요. 그럼에도 계속 메모하지 못하게 하면, 경찰서 청문감사관, 검찰청 인권보호관, 국가인권위원회(국변 없이 1331)로 연락하세요.

• 서울지방변호사회 홈페이지(www.seoulbar.or.kr)와 서울지방경찰청(www.smpa. go.kr) 및 서울 지역 각 경찰서 홈페이지에서 자기변호노트를 내려 받을 수 있으며, 사용소감을 이메일(noteseoulbar@gmail.com)로 보내시면 자기변호노트를 개선하는 데 많은 도움이 됩니다.

🏛 서울지방변호사회

Q7. 조사의 최종적인 목표는 무엇인가요?

조사에 임할 때 제가 무엇을 궁극적인 목표로 삼는 것이 좋을까요?

조사를 받는 사람의 입장에서 조사의 최종적인 목표는 수사관이 상대방의 주장보다 나의 주장을 믿도록 설득하고, 수사관을 내 편으로 만드는 것입니다. 모든 사건에는 유리한 증거와 불리한 증거가 있기 마련인데, 보는 사람의 시각에 따라 증거가치가 달라질 수 있어 수사관의 신뢰를 얻으면 본인에게 유리한 증거의 증거가치가 더 커지기 때문입니다.

그렇다면 수사관의 신뢰를 어떻게 얻을 수 있을까요? 수사관도 사람이므로 조사하면서 만난 피의자의 인상, 피의자의 태도에 알게 모르게 영향을 받습니다. 따라서 조사에 입회할 때는 단정하고 정갈한 태도를 보일 필요가 있고 수사관을 존중하는 모습을 보이며, 수사관의 질문에 차분하고 담담하게 답해야 합니다.

물론 수사관은 피의자에게 공격적인 태도로 질문할 가능성이 있습니다. 가령 피의자가 "상대방이 만취한 상태는 아니었습니다."라고 답할 때, 수사관이 갑자기 "어떤 여자가 술에 취하지도 않았는데 처음 만난 남자랑 모텔에 들어갑니까?"라고 버럭 화를 낼 수도 있습니다. 그런 경우 수사관의 반응에 억울하다고 생각하여 흥분한 상태에서 말을 하기보다는 준비한 증거들을 보여주면서 "저희는 비록 이 날 처음 만난 건 맞지만, 오랜 기간 카카오톡으로 연인처럼 대화하는 사이였고, 이 날도 연인처럼 서로를 대했습니다."라는 등 당시 상황을 소상히 설명하여 수사관을 설득해야 합니다.

Q8. 수사관은 공정한가요?

　그런데 제가 정말 죄가 없다면 굳이 제가 노력을 기울이지 않아도 수사관님께서 알아서 공정하게 제 사건을 수사해서 무죄를 밝혀주시지 않을까요?

　수사관은 대체로 고소인에게는 호의적이지만 피의자에게는 보다 엄격한 태도를 유지하는 편입니다. 피의자의 인권을 존중하는 것은 분명하지만 피의자는 범죄를 저질렀다는 의심을 받고 있기 때문에, 만약 피의자가 거짓말을 한 점이 밝혀진다면 수사관은 이를 매우 부정적으로 바라볼 수밖에 없습니다. 이로 인하여 수사관은 피의자의 다른 진술까지도 그 신빙성을 의심할 수 있으니 유의해야 합니다.

　제가 과거에 검사로 재직할 당시만 하더라도 한 달 안에 처리해야 하는 사건이 적게는 200건, 많게는 300건이었습니다. 즉, 하루에 10건 내지 15건을 처리해야 하는 양입니다. 이러한 현실적 한계 속에서 수사관이 피의자의 모든 주장을 경청하여 피의자가 놓친 부분까지 신경 써 줄 것이라는 기대는 어쩌면 자칫 과도한 기대일 수도 있습니다.

　그렇기 때문에 수사관이 알아서 공정하게 본인의 억울함을 밝혀줄 것이라고 막연히 기대하기보다는, 자신의 주장을 관철할 수 있는 증거를 적극적으로 활용하여 수사관을 설득해야 합니다.

Q9. 그럼 수사관을 어떤 태도로 대해야 하나요?

> 수사관님이 조사 도중에 저에게 강압적으로 대하실 때 저도 강하게 대응해야 하나요?

수사관에 따라 때로는 중립적이지 않다고 느껴질 수 있습니다. 또한 수사관마다 사건을 보는 시각, 조사를 진행하는 방식, 수사를 끌고 가는 능력이 다를 수밖에 없습니다. 그렇기 때문에 피의자의 입장에서는 수사관이 불리한 질문을 하는 경우 강하게 대응을 해야 할지, 아니면 밉보일까 두려우니 최대한 순응해야 할지 고민이 될 것입니다.

그러나 본인을 의심하는 듯한 질문을 받더라도 이에 흥분하여 강하게 대응할 필요도 없고 그렇다고 무조건 순응할 필요도 없습니다. 기본적으로는 수사관을 존중하되 본인에게 불리한 질문에 대해서는 뒷받침할 증거들을 제시하면서 침착하게 반박하면 됩니다.

만약 피의자 본인의 힘만으로 증거확보가 어려워 수사기관의 추가 수사가 필요하다면 "제 주장에 관하여 이러한 점을 수사해주신다면 제 주장이 사실임을 충분히 입증할 수 있습니다. 확인해 주시기를 요청 드립니다."라고 말해볼 수도 있습니다.

수사관이 과도하게 불공정한 수사를 진행한다면 수사 이의신청이나 수사관 교체신청도 고려할 수 있으나, 이는 최후의 보루로 활용해야 합니다.

─── **더 알아보기** ───

수사 이의신청이란?

수사 이의신청이란 사건처리 과정 또는 결과 등 수사절차 전반에 대하여 불만이나 지적하고 싶은 사항이 있을 경우 해당 경찰청에 민원을 제기하는 절차를 말합니다.

해당 경찰청 민원실에 수사이의신청서를 직접 제출하거나 우편으로 해당 경찰청에 보낼 수 있습니다.

수사이의의 범위는 편파수사, 부당한 접수거부, 수사절차 미준수, 사건처리 지연, 부당한 사건처리 등 수사결과 불만족, 인권침해 등이 있으며 단순한 불친절 등은 청문감사관실을 활용하면 됩니다.

Q10. 조사 이후 무엇을 해야 하나요?

조사를 전부 마친 상황입니다. 제가 준비를 충분히 하지 못해 진술을 제대로 하지 못한 것 같습니다. 이제부터라도 제가 해야 할 일이 있을까요?

피의자는 조사과정에서 수사관과의 문답을 통하여 수사관이 수집한 객관적 증거가 무엇인지, 피해자가 어떤 주장을 하였는지 대략 유추할 수 있습니다. 피의자는 조사 당시 이를 유심히 듣고 반박할 부분에 대한 증거를 수집해야 합니다.

증거는 직접증거와 간접증거로 나뉘는데 직접증거란 주요사실의 증명에 직접 도움이 되는 증거로, 가령 범죄사실을 직접 목격한 증인의 증언이나 사건 당시 상황이 촬영된 영상 등을 일컫습니다. CCTV에 한 남성이 여성에게 억지로 키스를 시도하고 여성은 몸을 빼며 거부하는 모습이 찍혀 있다면 이는 명확하게 직접증거가 확보된 사안으로, 이 경우 피의자가 범행을 부인하는 것은 오히려 불리할 수 있습니다.

반면 간접증거는 정황증거라고도 불리는데, 주요사실을 간접으로 추인하는 증거를 말합니다. 예를 들어 피해자는 자신이 만취하였다고 주장하고 피의자는 피해자가 술에 취하지 않았다고 주장함으로써 서로의 주장이 대립하는 상황을 상정해 봅시다. 이때 모텔 현관 CCTV에 피해자가 피의자와 멀쩡히 손을 잡고 모텔로 들어가는 장면이 촬영되었다면 이는 성범죄의 장면을 직접적으로 포착한 증거는 아니지만 피의자의 주장에 힘을 실을 수 있는 간접증거는 될 수 있는 것입니다.

조사가 마친 뒤에도 수사관은 다시 한 번 기록과 증거들을 살펴보며 사건을 꼼꼼하게 파악합니다. 따라서 그 기간 동안 피의자는 자신의 주장과 이를 뒷받침할 증거를 수집하여 참고자료를 의견서 형태로 수사관에게 추가로 제출할 수 있습니다.

Q11. 내 말을 믿어주지 않아 거짓말탐지기 검사를 하고 싶어요.

저는 잘못이 없다고 사실대로 이야기하고 있는데, 수사관은 제 말을 전혀 믿지 않아요. 제가 직접 또는 상대방이 거짓말탐지기 검사를 받으면, 저의 결백이 밝혀질 수 있을까요?

거짓말탐지기 검사의 정식 명칭은 심리생리검사입니다. 피의자가 담당 수사관에게 거짓말탐지기 검사를 요청하거나 담당 수사관이 검사의 필요성이 있다고 인정하는 경우 의뢰할 수 있는데, 검사는 담당수사관이 직접 실시하지 않고 특별 전문교육을 받은 검사관이 별도로 실시하게 됩니다. 고소인이나 그 외 참고인 등 타인에 대한 거짓말탐지기 검사를 요청하더라도, 검사대상자가 검사를 거부하면 검사는 실시될 수 없습니다.

최근 영화나 TV 프로그램에서 거짓말탐지기 검사 장면이 자주 나오는데, 사람들은 이러한 장면을 보고 거짓말탐지기가 진술 내용의 진실 또는 거짓이 분명히 밝혀질 수 있다고 오해합니다. 그러나 실무상 거짓말탐지기 검사 결과는 증거능력이 인정되지 않아 유죄의 증거로 채택될 수 없습니다.

다만 거짓말탐지기 검사 결과는 참고자료나 정황증거로 활용될 수 있으므로, 기왕 거짓말탐지기 검사를 받는다면 진술이 진실로 판정되는 것이 좋습니다. 판정불능 결과가 나오더라도 수사관으로 하여금 피의자의 진술이 거짓이 아닐 수도 있다는 심증을 심어줄 수 있기 때문에 피의자 입장에서는 크게 불리하지 않습니다.

따라서 정말 억울한 상황에 놓여 있고 다른 증거를 찾기 어렵다면 거짓말탐지기 검사를 받아보는 것도 괜찮습니다. 거짓말탐지기 검사 결과는 앞서 본 바처럼 유죄의 증거로 채택되지 않고, 오히려 거짓말탐지기 검사를 거부할 경우에는 수사관으로 하여금 유죄의 심증을 갖게 할 수 있기 때문입니다.

실제로 거짓말탐지기 검사를 통해 진실 / 거짓 여부를 판단하고자 하는 질문사항은 통상 1~2개 정도인데, 전문가들은 사전에 이러한 핵심적인 질문사항을 다른 질문들 속에 숨겨 놓습니다. 예컨대 "상대방이 성관계를 거부했나요?"라는 질문을 위해서 앞뒤로 "당신이 모텔에 들어간 시간이 언제인가요?", "모텔비는 누가 냈나요?" 등 다른 질문을 함께 하는데, 중요한 것은 "상대방이 성관계를 거부했나요?"에 대한 답변의 진실 여부만을 판단한다는 것입니다.

다만 거짓말 탐지기 검사결과도 오류가 있을 수 있기 때문에, 긴장감이 흐르는 분위기에 본인 스스로가 취약하다고 판단한다면 거짓말탐지기 검사는 최후의 수단으로 사용할 것을 권유하고 싶습니다.

Q12. 압수 · 수색을 한다는데, 이게 뭐죠?

갑자기 수사기관에서 압수 · 수색을 한다며 집에 찾아왔습니다. 압수 · 수색이란 무엇이고, 저는 어떻게 대처해야 좋을까요?

압수란 수사기관이 증거물이나 몰수할 것으로 예상되는 물건의 점유를 강제로 취득하는 것을 말하고, 수색이란 사람의 신체, 물건, 주거 등 장소에서 압수할 물건이나 사람 등을 찾는 처분을 말하는데, 실무상 압수 · 수색영장이 하나의 영장으로 발부되어 '압수 · 수색'이라는 용어가 통용되고 있습니다.

수사기관이 급작스럽게 압수 · 수색을 하러 온 경우 피의자는 어떻게 대처해야 할까요? 가장 먼저 해야 할 일은 영장제시를 요구하는 것입니다. 현행범인 경우와 같이 특별한 사정이 있다면 영장 없이 압수 · 수색을 실시할 수도 있지만, 원칙적으로는 영장은 사전에 발부되기 때문입니다. 영장 제시를 요구한 다음 꼼꼼히 그 내용을 살펴 혐의와 수색 장소, 압수할 물건의 목록, 영장의 유효기간 등을 확인해야 합니다.

만약 압수할 물건 중 다른 사람의 물건이 포함되어 있다면 그 취지를 목록에 기재해달라고 요구하는 것이 좋습니다. 또한 야간에 압수 · 수색이 이루어지는 경우 영장에 '야간집행'을 허가하는 내용이 기재되어 있는지도 확인해야 하고, 그러한 기재가 없다면 정당하게 야간 압수 · 수색을 거부할 수 있습니다.

한편 압수 · 수색이 종료되면 수사기관에 압수물 목록을 교부해 줄 것을 요청하고, 수사가 끝나는 대로 압수물의 반환을 원한다는 점 또한 밝힐 필요가 있습니다. 수사기관의 압수 · 수색 절차에는 성실하게 협조하되, 혐의와 무관한 압수 · 수색이나 영장주의에 위반되는 압수 · 수색을 거부하는 것은 우리 헌법이 보장하는 기본권입니다.

변호인이 선임된 경우라면 변호인에게 입회를 요청하여 변호인으로 하여금 위와 같은 사항을 확인하도록 하는 것이 바람직합니다. 다만 압수·수색 절차는 변호인의 입회 여부와 관계없이 종료될 수 있으므로, 변호인에게는 압수·수색이 시작되자마자 신속히 연락을 취하는 것이 좋겠습니다.

Q13. 제 휴대전화를 '디지털 포렌식' 한다는데 어쩌죠?

수사기관이 카메라 등 이용 촬영죄의 혐의로 저를 조사하고 있습니다. 수사기관이 제 휴대전화와 노트북을 가져가 디지털 포렌식을 한다는데, 어느 정보까지 공개가 되는 것인지 몰라 두렵습니다. 어떤 절차를 통하여 디지털 포렌식이 이루어지나요?

디지털 포렌식은 컴퓨터나 스마트폰 등 디지털 장치에서 정보를 복구하여 조사하고, 그 정보를 압수하는 절차를 말합니다. 사람들이 많이 오해하고 있는 점은 디지털 포렌식을 하면 스마트폰에 있던 자료가 전부 복구될 것이라는 부분입니다.

기술자들은 디지털 포렌식을 하더라도 모든 정보가 복구되는 것은 아니라고 합니다. 전자기기 제조업체에서는 사용자의 개인정보 보호를 위하여 보안성을 계속 강화시켜 왔기 때문에, 최근에 생산된 제품들의 경우 삭제된 데이터는 디지털 포렌식을 하더라도 데이터가 복구되지 않는 경우가 많다고 합니다.

그런데 사람들은 자신의 휴대전화나 노트북에 어떤 자료들이 있는지 전부 기억하지 못하기 때문에 전자기기를 증거로 제출하였을 때 굉장히 불안하기 마련입니다. 따라서 디지털 포렌식을 한다고 하면 그 절차에 직접 참여하거나 선임한 변호인으로 하여금 입회하도록 하는 것이 좋습니다.

디지털 포렌식의 절차는 크게 추출 절차와 선별 절차로 나뉩니다. 추출 절차에서는 저장된 정보들을 전부 나열하고, 선별 절차에서는 전체 정보 중에서 압수·수색 영장에 기재된 혐의와 관련된 정보만을 선택합니다. 추출 절차는 말 그대로 전자장치에 있는 정보를 모두 모으는 작업이므로 굳이 참여할 필요는 없습니다. 그러나 선별 절차에는 참여하는 편이 바람직한데, 이는 수사기관이 범죄혐의 사실과 관련한 정보만 수집하는 지 감시할 필요가 있기 때문입니다.

압수·수색 영장의 혐의 사실이 "2021. 12. 25. 서울 압구정동 소재 모텔에서 상대 여성의 동의 없이 성관계 장면을 몰래 녹화하였다"는 것 이면, 선별 절차에서는 2021. 12. 25.자의 모든 정보 중 위 혐의사실과 관련된 것만 선별해 내야 합니다. 그러나 수사기관이 그 범위를 넘어 다른 날짜의 정보까지 수집한다면 당초의 혐의사실과는 무관한 다른 별개의 범죄사실이 확인될 우려가 있습니다. 수사기관이 영장에 기재된 혐의사실과 무관한 자료를 선별하려 할 경우에는 "이 자료는 혐의사실과 무관한 자료입니다"라는 취지로 이의를 제기해야 하는데, 당사자로서 이의를 제기하기가 쉽지 않을 수 있기에 변호인을 선임하여 도움을 받는 것도 하나의 방법입니다.

Q14. 제 사건의 수사진행상황은 어떻게 확인할 수 있나요?

경찰 조사를 마치니 수사관님께서 조만간 사건을 검찰에 송치한다고 합니다. 검찰 송치 후 제 사건의 수사진행상황은 어떻게 확인할 수 있을까요?

요즘 휴대전화를 이용한 알림서비스 많이 사용하지요? 수사진행 상황도 요즘에는 휴대전화 문자메시지로 통지가 이뤄집니다. 피의자 신분으로 경찰 조사를 마치고 이후 추가적인 수사를 거쳐 사건이 검찰에 송치되면, 사건이 송치된 관할 검찰청, 사건번호, 담당검사 등 기본적인 사항이 문자메시지로 통지될 것입니다.

사건이 검찰에 송치되면 필요에 따라 추가적인 피의자신문, 참고인 조사가 이뤄질 수 있습니다. 이러한 추가적인 조사가 진행된다면 통상 담당검사 또는 검찰조사관의 전화 연락을 통해 조사 일정을 안내받게 됩니다. 만약 변호인이 선임된 경우라면 변호인이 담당검사나 조사관과 연락하여 조사 일정을 협의할 수 있습니다.

법무부 형사사법포털(www.kics.go.kr)의 검찰사건조회 서비스를 통하여 수사진행상황을 직접 확인하는 방법도 있습니다. 고소인이나 고발인, 피의자, 피해자 등 사건관계인은 본인인증을 마친 후 수사진행상황을 조회할 수 있고, 사건관계인이 아니라면 수사진행상황 조회가 제한됩니다. 다만 변호사의 경우 사건관계인이 아니더라도 사건관계인의 인적사항을 안다면 수사진행상황을 조회할 수 있습니다.

형사사법포털 (www.kics.go.kr)

그런데 위와 같이 형사사법포털이나 문자메시지를 통한 수사진행상황 확인은 그 정보가 매우 제한적입니다. 담당검사나 조사관이 수사를 진행하며 어떤 부분에 의문점을 가지고 있는지, 구체적인 수사 계획은 어떠한지, 수사에 필요한 자료들은 무엇인지 등 수사의 실질적인 진행상황에 관한 부분이 가장 중요한데, 이러한 사항은 담당검사나 조사관과 이야기를 나누며 조금씩 알아나가야 하기 때문입니다. 그렇기 때문에 변호인이 선임되어있다면 변호인으로 하여금 직접 검사실에 확인하게 하는 편이 좋습니다.

변호인은 담당검사 또는 조사관과 통화하거나 직접 검사실을 방문하여 대면하는 방법 등을 통하여 쟁점을 파악하고, 필요한 경우 법률의견과 증거자료를 '변호인 의견서' 형태로 제출할 수 있습니다.

Q15. 경찰의 불송치결정에 상대가 이의신청을 했어요.

경찰이 불송치 결정을 내렸는데 고소인 측으로부터 다시 이의신청이 접수되었다고 합니다. 그렇다면 다시 수사를 받게 되는 건가요?

검·경수사권 조정으로 관련법이 개정되어 검찰이 가지고 있던 수사종결권을 경찰도 가지게 되었습니다. 따라서 경찰이 불송치 결정을 내렸다면 대부분의 경우 사건이 종결되었다고 볼 수 있습니다. 그러나 경찰의 불송치 결정에도 불구하고 고소인이 이에 불복하여 이의신청을 하는 경우가 있습니다.

이처럼 불송치 결정에 이의신청이 접수되었다면, 피의자는 추후 검찰수사에 대비하여 경찰의 수사결과를 뒷받침할 법률적 의견을 준비해두어야 합니다. 경찰의 심도 있는 수사와 그에 따른 불송치 결정에도 불구하고, 검찰은 다른 시각에서 사건을 볼 수 있기 때문에 피의자로서는 그에 상응하는 법률적 대비를 해야 합니다.

그런데 이런 이의신청의 제기 기간에는 아무런 제한이 없어 피의자에게는 중대한 불안 요소가 되고는 합니다. 무혐의로 불송치 결정이 내려졌더라도 피의자로서는 언제 수사가 다시 재개될지 몰라 노심초사 할수밖에 없는 것입니다. 이는 현재 법조계에서 꾸준히 지적하고 있는 문제입니다.

따라서 불송치 결정의 이의신청에 대비하여 경찰 수사단계에서 무혐의를 입증하기 위하여 제출했던 자료를 보관해야 하고 추가적인 자료들역시 성실히 수집할 필요가 있습니다.

합의 하에 성관계를 가진 후 돌연 강간으로 고소당한 사례

1. 사건의 개요

A와 B는 온라인 채팅으로 만난 사이입니다. 두 사람은 서로 대화가 잘 통한다고 느꼈고 이에 오프라인에서 만남을 가지기로 약속하였습니다. 두 사람은 모텔에 들어가 합의 하에 2회 성관계를 맺었습니다. 하지만 다음날 돌연 B는 A가 자신을 침대에 강제로 눕혀 간음하였다고 고소하였습니다.

2. 사안의 핵심 포인트

A와 B의 진술이 극명하게 대립되어 만약 A가 B의 고소 내용을 탄핵하지 못한다면 A는 강간의 혐의로 3년 이상의 유기징역에 처해질 수 있는 중대한 사안이었습니다.

3. 민경철 변호사의 24시 성범죄 케어센터 조력결과

24시 성범죄 케어센터는 사건 당일 A와 B가 함께 이동했던 모텔, 약국 등의 CCTV를 확보해 증거 자료로 제출했습니다. CCTV 영상에는 A와 B가 다정하게 모텔을 나와 몸을 밀착한 상태로 다른 장소에 이동하는 모습이 촬영되어 있었기 때문에 사건을 유리한 방향으로 이끌 수 있었습니다.

또한, A와 B가 나눈 카카오톡 대화 내용에 비추어 볼 때 B의 고소내용은 객관적 사실과 부합하지 않는 점, 사건 진행 과정에서 B측에서 먼저 높은 금액의 합의를 제안하는 등 금전적 목적으로 고소를 진행했을 가능성이 있다는 점도 적극 주장하여 A는 혐의없음(증거 불충분) 처분을 받을 수 있었습니다.

헤어진 여자친구가 1년 후 강간미수 등으로 고소한 사례

1. 사건의 개요

A와 B는 연인관계였으나 성격 차이로 결별하게 되었습니다. 그로부터 1년이 지난 어느 날, A는 전 여자친구인 B가 돌연 자신을 유사강간과 강간미수의 점으로 고소하였다는 사실을 알게 되었고 수사관으로부터 조사를 받으러 오라는 통보를 받게 되었습니다.

2. 사안의 핵심 포인트

A의 혐의는 모두 폭행 또는 협박이 있어야 성립합니다. 따라서 당시 두 사람 사이의 대화 내역 등을 보았을 때 A가 '항거를 곤란하게 할 정도의 폭행 또는 협박'을 가할 만한 상황이 아니었다는 점을 밝혀내야 했습니다. 또한 B의 주장에 논리적 모순이 있고 고소동기가 불순하다는 점 역시 주장할 필요가 있었습니다.

3. 민경철 변호사의 24시 성범죄 케어센터 조력결과

24시 성범죄 케어센터는 A의 혐의사실을 인정할 수 있는 증거로는 사실상 고소인 B의 진술이 유일한데, B의 고소내용 그 자체에서 경험칙상 모순이 있어 진술의 신빙성이 낮다는 의견을 적극 개진하였고 결과적으로 불송치 처분을 받아낼 수 있었습니다.

Ⅲ. 검찰 수사 단계

Q16. 검찰수사는 경찰과 어떻게 다른가요?

경찰서에서 피의자신문을 몇 차례 받았는데, 사건이 검찰에 송치되는가 싶더니 검찰청으로부터 출석하라는 전화를 받았습니다. 경찰수사와 달리 특별히 준비해야 할 것이 있을까요?

검찰 수사는 경찰 수사에 대한 보완 수사가 주로 이뤄집니다. 경찰 수사자료 중 미비한 부분, 즉 범죄혐의를 입증하기에 부족한 부분이 있다면 이에 대한 추가적인 수사를 하여 기소 또는 불기소처분을 내리게 됩니다. 다만 검찰에서 출석을 요구했다면 경찰에서와 마찬가지로 피의자신문을 하게 되는데, 피의자신문을 꼭 담당검사가 직접 하는 것은 아닙니다.

검사실에는 검사뿐만 아니라 검찰수사관도 함께 근무하고 있는데, 사안에 따라서는 검찰수사관이 피의자를 먼저 신문한 다음 검사가 신문 내용을 검토하며 추가적인 신문을 한 뒤 조사를 마치는 경우가 많습니다.

많은 사람들이 '검찰은 경찰과 분명 다를 것'이라거나 '검찰은 경찰과 달리 나의 누명을 벗겨줄 것'이라고 착각하기도 합니다. 물론 검찰에서 보완 수사를 통해 경찰의 기소의견에도 불구하고 불기소처분을 내릴 수도 있습니다. 그러나 실무상 경찰이 기소의견으로 송치한 사건은 검찰에서도 그대로 기소하는 경우가 대부분입니다. 따라서 가장 중요한 것은 경찰 수사단계에서 최선을 다하는 것이고, 만약 이미 검찰의 출석요구를 받은 상황이라면 경찰의 수사내용을 법리적으로 면밀하게 검토하여 적극적으로 방어권을 행사하는 등의 준비를 해야 합니다.

한편 검사는 기소의견으로 송치된 사건을 보완수사를 요구하며 다시 경찰에 돌려보낼 수도 있는데, 이 경우 경찰은 검사의 요구사항을 참작하여 수사를 진행한 후 다시 송치, 불송치 결정을 내리게 됩니다.

Q17. 합의는 어떻게 해야 되죠?

피해자 분께 진심으로 사죄하여 원만히 합의에 이르고자 합니다. 합의는 언제, 어떻게, 어떤 내용으로 해야 할까요?

형사 합의는 수사가 개시되기 전에 할 수도 있고, 수사가 진행되는 과정에서 할 수도 있으며, 공소 제기 이후 재판이 진행되는 과정 중에 또는 재판이 끝난 이후에도 이뤄질 수 있습니다.

만약 합의할 의사가 있다면 최대한 빨리 하는 것이 좋습니다. 고소 전에 합의를 보면 수사가 개시조차 되지 않기에 여러 수고스러움을 덜 수 있기 때문입니다. 그러나 고소가 진행되어 일단 수사가 개시되고 나아가 혐의까지 인정된다면, 비록 합의가 이뤄지더라도 그와 별개로 기소에 이를 수 있습니다.

지금까지 변호사 생활을 하면서 의뢰인들이 수사기관과 연루된다는 것 자체에 큰 심적 부담을 느끼는 것을 지켜보았습니다. 매우 밝고 긍정적인 분들도 조사과정을 겪으면서 우울감과 답답함을 호소하는 경우가 많았습니다. 그렇기에 피해자가 다소 과장된 주장을 하더라도 그것이 용인 가능한 수준이라면, 나의 소중한 일상을 위해서라도 합의를 하는 것도 나쁘지 않은 방법이라고 생각하게 되었습니다.

한편 형사 합의를 위해서는 먼저 피해자의 성명, 주소, 연락처 등 인적사항을 알아야 합니다. 피해자의 인적사항을 모르는 경우 수사기관에 합의 의사를 밝히면, 수사기관이 피해자의 의사를 확인하여 연락처를 제공해줄 수 있습니다. 다만 성범죄 피해자의 경우 가해자와 직접 대면을 원치 않는 경우가 대부분이고 2차 가해가 문제될 수 있으므로, 실무상 합의 절차는 형사변호인을 통하여 진행하는 것이 바람직합니다.

형사 합의에 포함되어야 하는 내용으로는 크게 세 가지를 생각해볼 수 있습니다. ① 피해자가 가해자로부터 일정한 합의금을 지급 받아 원만히 합의에 이르렀다는 사실, ② 피해자가 가해자에 대한 처벌을 원하지 않는다는 처벌불원 의사표시, ③ 피해자가 추후 가해자에게 민·형사상 이의를 제기하지 않겠다는 부제소합의 입니다. 이때 간과하기 쉬운 부분이 바로 '처벌불원의사'입니다. 합의에 이르렀다고만 쓰기보다는 '가해자의 처벌을 원하지 않는다'는 피해자의 의사표시가 들어가는 편이 바람직합니다.

이렇게 작성된 형사 합의서가 수사기관에 제출되면 기소유예 처분 가능성이 높아지고, 혹여 기소가 되더라도 재판부의 선고형의 수위를 낮추는 양형 자료가 됩니다.

합의서 예시는 다음과 같습니다. 만약 아직 기소가 되지 않은 상태라면 합의서 속 '피고인'이라는 단어를 '피의자'로 변경하기 바랍니다.

합의 및 처벌불원서

사 건   2020고단OOOO 강제추행

피고인   OOO

피해자   OOO

　　위 사건에 관하여 피해자 OOO은 피고인 OOO과 아래와 같이 원만히 합의하였으므로, 위 피고인에 대한 처벌을 불원합니다.

아   래

1. 피해자 OOO은 2020. OO. OO. 피고인 OOO으로부터 서울중앙지방법원 2020고단OOOO 강제추행 사건에 관하여 진심 어린 사과를 받고 합의금 10,000,000원을 정히 수령하였는바, 더 이상 피고인에 대한 처벌을 원하지 않습니다.

2. 위 사건에 관하여 피해자 OOO은 추후 피고인 OOO에 대하여 민·형사상 책임을 묻지 않기로 하였으니, 부디 피고인을 선처하여 주시기 바랍니다.

첨부서류: 신분증 사본(피해자)   1부

2020. OO. OO.

피해자 OOO (OOOOOO-O******)   (인)

서울 OO구 OOO길 OO, 213 (OOO)

서울중앙지방법원 제O형사부   귀중

Q18. 어떻게 해야 기소유예가 나올까요?

기소유예 처분을 받으면 저는 무죄가 되는 것인가요? 기소유예 처분은 어떤 경우에 받을 수 있나요?

검사는 기소와 불기소, 두 가지 결정을 할 수 있습니다. 기소는 검사가 혐의를 인정하여 법원에 판단을 구하는 것이고, 불기소는 공소제기를 하지 않는 것입니다. 불기소처분에는 5가지 종류가 있는데, 공소권 없음, 죄가안됨, 혐의없음, 기소유예, 그리고 각하입니다.

공소권 없음은 반의사불벌죄에서 피해자가 처벌을 원하지 않거나 피의자가 사망한 경우에 내려지고, 각하는 고소장이나 고발장의 내용에 비추어 범죄가 성립하지 않는 것이 명백하거나 동일사건에 이미 불기소처분이 내려지는 등 수사의 필요성이 없는 경우 내려지는 검사의 처분입니다. 죄가안됨은 피의사실이 범죄의 구성요건에 해당하지만 정당방위와 같은 위법성 조각사유나 책임 조각사유가 있어 범죄에 해당하지 않는 경우에, 혐의없음은 범죄에 해당하지 않거나 증거가 불충분한 경우에 내려지는 처분으로서, 검사가 '죄가안됨' 또는 '혐의없음' 처분을 내렸다면 죄가 없다는 판단을 한 것이라고 볼 수 있습니다.

그러나 기소유예 처분은 피의자에게 죄가 없음을 말하는 것은 아닙니다. 피의사실은 인정되지만 피의자의 연령, 성행, 지능과 환경, 피해자와의 관계, 범행의 동기, 수단과 결과, 범행 후의 정황 등을 살펴 처벌의 필요성이 없는 경우에 내려지는 것입니다.

성범죄 피의자에 대한 기소유예 처분은 통상 죄질이 경미한지, 과거에 동종의 범죄를 저지른 전력은 없는지, 범행을 반성하고 피해자에게 충분한 피해회복 조치를 취하였는지, 피해자가 피의자에 대한 처벌을 원하는지 여부 등을 살펴 결정합니다. 만약 과거에 성범죄로 처벌받거나 이미 기소유예 처분을 받은 사실이 있다면, 다시 기소유예 처분을 받기는 쉽지 않습니다.

특히 피해자가 피의자에 대한 처벌을 원하는지 여부, 즉 피해자의 의사가 기소유예를 결정하는데 가장 중요한 판단 기준이 되므로, 성범죄 사건의 경우 피해자와의 원만한 합의를 이뤄내는 것이 중요합니다.

Q19. 검사가 '구약식' 청구를 하였는데 무슨 뜻인가요?

> 형사사법포털을 통해 수사진행상황을 확인해보니, 제 사건 수사결과란에 '구약식'이라고 적혀있습니다. 그렇다면 앞으로 어떤 절차가 진행되는 것인가요?

검사가 구공판, 구약식 처분을 하였다면, 안타깝지만 범죄혐의가 인정된 경우라 할 것입니다. 구공판 처분은 검사가 '정식재판을 청구했다'는 의미로서 피고인은 법원으로부터 공소장과 함께 1회 공판기일 일정을 통지받게 됩니다. 이와 달리 검사가 구약식 처분을 하였다면, 이는 범죄혐의는 인정되지만 죄질이 경미하므로 벌금형을 선고해달라는 취지입니다. 즉 구약식 처분이 내려졌다면 특별한 사정이 없는 한 법원의 약식명령으로 벌금형을 선고 받게 되고 피고인이 직접 법원에 출정하거나 할 필요가 없이 매우 신속하게 사건이 진행됩니다.

다만 검사가 구약식 처분을 하더라도, 피고인이 약식명령의 고지를 받은 날로부터 7일 이내에 정식재판을 청구하거나 법원이 직권으로 정식재판으로 회부할 경우에는 구공판 처분의 경우와 마찬가지로 법원이 공소장과 함께 지정된 공판기일을 피고인에게 통지하게 됩니다.

만약 검사가 구약식 처분을 한 경우라 하더라도, 억울한 피고인의 입장에서는 정식재판을 청구하여 무죄를 주장할 수 있을 것입니다. 그러나 많은 사람들은 괜히 정식재판을 청구하여 금고나 징역과 같이 벌금형보다 더 높은 종류의 형을 선고받게 될 것을 우려하기도 합니다.

그러나 우리 형사소송법은 불이익변경금지의 원칙을 천명하고 있는데, 이는 중한 형을 받을까봐 불복을 단념하는 불상사를 막기 위하여 피고인이 불복하더라도 이전보다 불이익한 종류의 형(가령, 금고형이나 징역형)으로 변경하지 못하게 하는 원칙을 말합니다.

따라서 정식재판을 청구하더라도 벌금형보다 더 중한 형을 선고받는 일은 없으니 안심하시기 바랍니다. 다만 정식재판을 청구할 경우 검사가 구형한 벌금의 액수 보다 더 높은 액수의 벌금형이 선고될 수는 있으니, 이 점은 참고하시기 바랍니다.

더 알아보기

형의 종류란?

우리나라 형법은 피고인에게 선고할 수 있는 형의 종류를 다음과 같이 9가지로 정하고 있습니다.

1. 사형
2. 징역
3. 금고
4. 자격상실
5. 자격정지
6. 벌금
7. 구류
8. 과료
9. 몰수

위에서 아래로 내려갈수록 낮은 종류의 형벌을 의미합니다. 따라서 만약 어떤 범죄가 '금고 이상의 형'을 규정하고 있다면 사형, 징역, 금고형을 선고받을 수 있다는 것을 뜻합니다.

지하철에서 '몰카'를 찍었으나 기소유예가 처분된 사례

1. 사건의 개요

외국 국적의 A는 한국에 거주하고 있는 사촌의 결혼식에 참석하기 위하여 한국에 방문하였습니다. 결혼식이 끝나고 귀가하던 A는 지하철역 환승구간에서 잘못된 호기심에 앞서 가던 여성 B의 치마 아래쪽과 치마 속을 B의 의사에 반하여 촬영하였고 카메라 등 이용 촬영죄 혐의를 받게 되었습니다.

2. 사안의 핵심 포인트

A의 휴대전화 앨범에서 저장된 촬영물이 발견되었기 때문에 선처를 구하지 못한다면 처벌을 피하기 어려운 상황이었습니다.

3. 민경철 변호사의 24시 성범죄 케어센터 조력결과

24시 성범죄 케어센터 팀은 A가 피해자 B에게 용서를 구하고 합의하는 데 조력하였고 결과적으로 A로부터 원만한 합의와 처벌불원의사를 이끌어 냈습니다. 더불어 A가 초범이고, A의 평소 성향 등을 보았을때 재범의 여지가 적다는 점 등을 적극 변호한 결과 기소유예 처분을 받을 수 있었습니다.

지하철에서 옆자리 여성을 추행하였으나 기소유예가 처분된 사례

1. 사건의 개요

A는 술에 취한 상태로 지하철 전동차 안에서 옆자리에 앉은 B의 허벅지를 쓰다듬듯이 만졌습니다. B는 그 즉시 지하철 경찰대에 신고 및 고소하였고 A는 강제추행의 혐의로 고소당하였습니다.

2. 사안의 핵심 포인트

A는 당시 만취하여 범행을 전혀 기억하지 못하는 상황이었는데, CCTV 영상을 확인하더라도 A가 B의 허벅지를 만지는 모습이 명확히 드러나는 것은 아니었습니다. 그래서 A는 자신의 혐의를 어떻게 대응해야 할 지 고민이 많이 될 수밖에 없었습니다.

3. 민경철 변호사의 24시 성범죄 케어센터 조력결과

24시 케어센터는 비록 완벽하게 범죄를 입증하는 영상이 아니더라도 합리적 의심이 가능한 영상이 존재한다는 점에 비추어, 범행을 부인하는 전략을 취하기보다는 혐의사실을 인정하면서 B에게 용서를 구하였습니다. 더불어 A에게는 추행 행위에 대한 확정적 고의가 없었음을 주장함과 동시에 A가 자신의 행위를 깊이 반성하고 있음을 수사기관에 적극적으로 피력하였습니다. 수사기관은 이를 감안하여 A에게 기소유예 처분을 하였습니다.

Ⅳ. 재판단계

Q20. 형사소송절차를 간략하게 설명해주세요.

법원으로부터 공소장과 함께 1회 공판기일 통지를 받았습니다. 이제 수사단계에서 형사소송의 단계로 진입하였네요. 제가 앞으로 무엇을 준비해야 할까요?

앞서 본 바와 같이 형사재판 절차는 검사의 '구공판' 또는 '구약식' 청구에 대한 정식재판청구로서 개시됩니다. 우리 사법제도는 원칙적으로 3심제를 채택하고 있는데, 형사소송은 특히 1심 재판이 중요합니다.

통상 1심 제1회 공판기일에서는 공소사실과 검사가 제출한 증거에 대한 인부 의견을 밝힙니다. 공소사실 인부란 공소장에 기재된 범죄사실 중 '어떤 부분은 사실이고 어떤 부분은 사실과 다르다'라는 취지의 의견을 개진하는 것이고, 증거 인부란 검사가 제출한 증거 중 '어떤 증거는 증거로 함에 동의하지만 어떤 증거는 증거로 함에 동의하지 않는다'는 취지의 의견을 밝히는 것입니다.

법률전문가가 아닌 일반인들의 경우 증거인부에 많은 어려움을 느낍니다. 증거인부는 수사기관에서 작성된 피의자신문조서, 참고인 진술조서 등 증거를 검토하여 작성된 내용이 실제 진술에 부합하는지 여부 등을 면밀히 따져봐야 합니다.

만약 증거로 함에 '부동의'할 경우에는 그 작성자 또는 진술자가 증인으로 출석하게 되므로, 증거인부 의견은 '누구를 증인으로 신문할지' 여부와 밀접한 관련이 있습니다.

차회 공판기일에서는 증인신문과 각종 증거신청에 따른 증거조사 등 심리가 이뤄지고, 마지막 공판기일에 최후 진술을 한 다음 선고기일이 지정됩니다. 이렇게 1심판결이 선고되고 그에 불복한다면 항소(2심)와 상고(3심)을 할 수 있는데, 1심의 결론이 바뀌는 경우는 성범죄의 경우 사실 흔하지는 않습니다.

간혹 몇몇 의뢰인들은 3심제에 따라 3번의 기회가 있다고 생각하여 항소심에서 변호인을 선임할 생각으로 1심에서는 변호인 선임을 마다하는 경우가 있습니다. 그러나 1심의 증거조사 과정은 차후 심급에서도 원칙적으로 증거로 사용되므로, 변호인의 조력을 받을 생각이 있다면 재판 초기 심급부터 전문적인 경험을 보유한 변호인의 조력을 받는 것이 보다 유리할 수 있습니다.

─── **더 알아보기** ───

피의자와 피고인은 무엇이 다른가요?

피의자란 수사의 개시에서부터 공소제기 전까지의 개념으로 수사기관이 범죄의 혐의가 있다고 인정하여 수사의 대상으로 삼은 자를 지칭합니다. 피의자로 불린다 하더라도 반드시 진범인 것은 아닙니다.

피고인이란 수사종결 후 검사가 법원에 대하여 유죄판단을 묻기 위하여 공소를 제기한 자를 지칭합니다. 즉, 형사재판에 회부되어 법원의 판단의 대상이 되는 자가 피고인입니다.

이 책은 서술의 편의상 '피의자 편, 피해자 편'으로 챕터를 나누었으나 엄밀히 말하면 검사의 공소제기 이후에는 피고인이라 일컫는 것이 옳습니다.

Q21. 소송의 전략은 어떻게 설정할까요?
- 합리적인 목표를 설정하고, 냉철하게 전략을 세워라.

> 골프장에서 다음 홀로 이동하면서 저와 캐디가 부딪혔어요. 제가 기우뚱하면서 제 어깨로 캐디의 가슴을 쳤는데 저는 당연히 아무런 의도가 없었기 때문에 바로 사과한 뒤 계속해서 골프에 임했습니다. 골프 경기를 마치고 캐디는 제게 왜 가슴을 만졌냐고 문자를 보내면서 다른 캐디도 그 장면을 목격했다고 하더라고요. 저는 그런 행동을 한 적은 없었지만 민감한 부위를 부딪쳤던 것은 사실이었기 때문에 '미안하다. 앞으로 조심하겠다.'는 답장을 했습니다.
>
> 그런데 그 캐디가 저를 강제추행으로 신고하고 고소장을 제출했습니다. 경찰은 저에게 이미 사과까지 하고서 왜 발뺌하냐고 합니다. 저는 어떻게 해야 되나요? 너무 억울해요.

소송은 전쟁과 같습니다. 무조건 이기자는 목표는 바람직하지 않고, 법률과 판례의 법리, 사회적 분위기를 종합적으로 고려하여 합당한 목표를 설정해야 하고, 그 목표를 달성하기 위한 전략을 수립해야 합니다.

위 사례는 실제로 발생했던 사건으로, 피고인은 발을 헛디디고 휘청거리는 과정에서 캐디와 부딪혔고 손을 허우적대다가 가슴을 친 사실은 분명히 인정하였습니다. 하지만 고소인과 목격자는 피고인이 캐디의 가슴을 움켜쥔 것이 분명하다고 주장하였습니다.

피고인의 바람은 당연히 무죄일 것입니다. 하지만 피해자의 진술이 일관되고 제3자의 진술 역시 존재하는 상황에서, 피고인이 아무런 증거 없이 끝까지 무죄를 주장한다면 도리어 잘못을 하고도 반성하지 않는 사람처럼 비칠 여지가 있었습니다. 그렇기에 피고인은 자신의 행위에 성적 의도가 없었음을 강조하는 동시에 벌금형을 목표로 삼아야 할 필요성이 있었습니다.

목표가 이렇게 설정되었다면 피고인은 고소인에게 자신의 행위가 성적의도가 없었으나 의도치 않게 피해를 주어 미안하다고 사죄하며 고소인과 합의서 및 처벌불원서를 이끌어내야 하는 것입니다.

　그러므로 만약 변호인을 선임하였다면 사건 초기부터 변호인을 믿고 모든 사실을 털어놓으셔야 합니다. 그래야만 구체적 사실관계를 바탕으로 소송에서 최선의 결과가 무엇인지 합리적인 목표를 설정하고 전략을 수립할 수 있기 때문입니다. 변호인을 선임할 때에는 무조건 무죄로 만들어주겠다고 말하는 변호사보다는 냉철하게 사건을 분석하여 유리한 결과를 이끌어낼 수 있는 변호사인지를 살펴보고 선임 여부를 결정하는 것이 좋습니다.

Q22. 증거 동의와 부동의는 어떻게 하는 건가요?

처음 법원에 갔더니 증거인부를 하래요. 그런데 증거인부가 뭔지 모르겠어요. 판사님들도 상세하게 설명해주려 하지만 법률용어가 많아서 이해가 잘 되지 않습니다.

증거인부란, 피고인의 범죄혐의를 증명하기 위하여 검사가 제출하는 증거를 재판에 증거로서 사용할지를 결정하는 절차입니다. 우리나라는 증거재판주의를 취하고 있기 때문에 증거가 뒷받침되지 않는다면 어떠한 주장이 사실이라고 인정되지 않습니다. 검사가 아무리 피고인이 피해자를 강간하였다고 주장하더라도, 강간을 뒷받침하는 증거가 없다면 법원은 검사의 주장을 믿을 수 없기 때문에 피고인에게 무죄를 선고하게 되는 것입니다.

이처럼 증거는 재판의 결과를 좌지우지하는 가장 핵심적인 요소 중 하나입니다. 검사가 제출하는 증거는 통상적으로 피고인이 범죄를 저질렀다는 유죄의 증거입니다. 따라서 안일하게 '검사가 전문가인데 알아서 증거를 제출했겠지'라는 심정으로 검사가 제출한 증거의 사용을 모두 동의해버린다면 때로는 예기치 않은 문제가 발생할 수도 있습니다.

그러나 한편으로는 오히려 검사가 제출한 증거 중 일부는 피고인의 주장을 부분적으로 뒷받침할 수도 있습니다. 그러므로 피고인은 각 증거의 성격과 증거에 담긴 의미를 꼼꼼히 확인해 본 다음 증거인부를 해야 하는 것입니다.

그렇다면 증거인부는 어떻게 하여야 하며, 그 기준은 무엇을 보고 판단하여야 될까요. 우선 피고인은 재판을 통하여 어떠한 결과를 목표로 할지 정해야 합니다. 잘못을 인정하고 반성하면서 선처를 구할 것인지,

무죄를 주장할 것인지 구체적인 목표를 먼저 결정하고 그 다음으로 증거인부를 고민하여야 합니다.

피고인이 죄를 부인하고 무죄를 주장하는 경우

피고인의 행위가 범죄가 되려면 법률이 규정하는 '구성요건*'을 충족하여야 하는데, 피고인이 무죄를 주장한다면, 구성요건을 충족하였다고 뒷받침하는 증거(무죄를 주장하는데 방해가 되는 증거)를 배척하여야 합니다.

1. 피고인의 혐의가 무엇인지 확인한다
(공소장 기재 죄명 확인)
⇩
2. 검사가 피고인이 어떤 범죄를 저질렀다고 주장하는지 확인한다
(공소장 기재 적용법조 확인)
⇩
3. 검사가 주장하는 범죄의 구성요건이 무엇인지 확인한다
(각 법령 규정 확인)
⇩
4. 각각의 구성요건을 뒷받침하는 증거가 무엇인지 확인한다
⇩
5. 불리한 증거를 부동의한다

* 구성요건이란 처벌의 대상이 되는 행위의 내용과 유형을 기술한 법률요건을 말합니다.
가령 형법 제298조 강제추행죄는 "폭행 또는 협박으로 사람에 대하여 추행을 한 자는 10년 이하의 징역 또는 1천 500만원 이하의 벌금에 처한다."고 정하고 있는데, 여기서 ① 폭행 또는 협박을 한 행위, ② 사람을 추행한 행위가 강제추행죄의 각 구성요건이 됩니다.

피고인이 죄를 인정하고 양형을 다투는 경우

잘못은 인정하고 반성하는 만큼 선처를 구하고 싶은 경우를 '양형을 다툰다'
고 말합니다. 이 경우 법원은 피고인이 진심으로 반성하고 있는지, '재범가능
성이 있는지'를 중점으로 판단합니다.

1. 피고인의 혐의가 무엇인지 확인한다
(공소장 기재 죄명 확인)
⇩

2. 관련 증거들을 본 뒤, '재범위험성'이 높아 보이는 증거, '진지한 반성'이
느껴지지 않는 증거는 '동의'(취지부인*) 혹은 '부동의' 할 것

* 취지부인이란 증거능력은 인정하나, 증거에 담긴 내용에 대하여 반박의 여지
가 있을 때 사용하는 방법입니다.

이처럼 각 증거가 가지는 의미는 사안에 따라 다르고 매우 심오하기
때문에 증거인부는 철저하고 세밀하게 진행해야 합니다.

Q23. 양형자료는 어떤 것들을 준비하면 좋을까요?

저는 정말 제가 왜 그랬는지 후회도 되고, 잘못했다고 생각해요. 진심으로 반성하고 있는데 제가 이렇게 말로만 반성한다고 해도 될까요? 인터넷으로 보니 양형자료라든가 정상참작 자료라고 이야기하던데 제가 어떻게 준비할 수 있을까요?

법관은 법률에 규정되어 있는 형벌(법정형) 중 여러 가지 요소를 고려하여 형을 선고(선고형)하는데 양형이라는 것은 이중 선고형을 정하는 것을 말합니다.

범죄를 저지른 자는 범죄에 상응하는 벌을 받아야 함이 마땅합니다. 그러나 동일한 범죄를 저지른 사람이라도, 자신의 잘못을 진심으로 후회하는 사람과 뻔뻔하게 피해자를 탓하는 사람을 동일하게 처벌한다면 이는 일반인의 법감정으로는 받아들이기 어려울 것입니다.

이러한 차이를 반영하는 것이 양형입니다. 법관이 피고인들의 여러 사정과 정황을 면밀히 참작하여 합리적으로 선고가 이루어질수록 형량을 조절하는 것이죠. 그렇다면 선처를 받기 위하여 어떤 자료를 제출할 수 있을까요?

선처를 받는다는 것은 자신이 저지른 죄에 대한 형벌을 감경받는다는 의미이고 구체적으로 ① 피해자의 용서 ② 진지한 반성 ③ 재범의 위험성 ④ 피해자와의 관계 ⑤ 피고인의 평소 성품 및 생활태도 등이 선처 요소로 작용할 수 있습니다.

1. 피해자에게 용서를 받았다면? : 합의서와 처벌불원서

성범죄는 상호 합의가 부재한 상황에서 발생하는 범죄이므로, 비록 범죄행위 당시에는 성적접촉에 동의가 없었더라도 이후 피해자가 용서를 하면 그 범죄의 중대성이 많이 희석될 수 있습니다.

따라서 합의서와 처벌불원서는 성범죄 사건에서 가장 핵심적인 양형 자료가 됩니다. 합의서는 피해자가 피고인과 원만하게 합의하여 피해를 회복하였다는 문서이고 처벌불원서는 피해자가 피고인을 용서하여 형사 처벌을 원하지 않는다는 의사표시가 담긴 문서를 말합니다.

2. 진지한 반성을 증명하려면? : 반성문과 봉사활동증명서, 사과문

진지한 반성이란 결국 피고인 내심의 의사이기 때문에 흔히 반성문을 제출합니다. 또한 자신의 잘못을 뉘우치는 방법으로 봉사활동을 하고 봉사활동증명서를 제출할 수 있습니다. 피해자에게 진지한 사과문 또는 사과편지를 보내어 진심으로 뉘우치고 있는지를 보여주는 것도 필요합니다.

3. 재범의 위험성이 없다고 증명하려면? : 상담치료 증명자료

법무부가 발간한 2020년 성범죄백서에 따르면 성범죄는 재범률이 무려 60% 이상입니다. 그렇기에 법관은 피고인의 재범 가능성을 주의 깊게 고려할 수밖에 없습니다. 만약 성범죄의 근본적 원인이 성의식의 왜곡 등 정신의학적 문제에 있다면 이를 스스로 치료하려는 의지를 보이는 것은 양형에 도움이 될 수 있습니다. 한편 술에 의존하여 범행을 지속적·반복적으로 저질렀다면 알코올 중독을 치료를 받고 있다는 의지를 밝히는 것도 좋습니다.

이는 비단 양형자료의 차원뿐만 아니라 피고인 스스로를 위해서라도 바람직한 방법입니다.

4. 피해자와의 관계? : 메신저 대화자료, 사진자료

피고인과 피해자와의 평소 관계 역시 양형에 중요한 요소가 될 수 있습니다. 두 사람 사이의 메신저 대화 자료를 통하여 이를 파악할 수 있습니다. 간혹 피고인은 잘못을 저지른 후 상황을 모면하기 위하여 메신저를 탈퇴하거나 대화기록을 삭제하는 경우가 종종 있습니다. 그러나 그 내역이 특별히 불리한 경우가 아닌 이상 가급적 두 사람 사이의 관계를 짐작하게 하는 대화자료는 보관하는 편이 좋습니다.

5. 피고인의 평소 성품을 강조한다면? : 표창장, 성적증명서, 탄원서

피고인이 지금껏 성실하게 생활하여 왔다면 이를 증명함으로써 양형에서 보다 유리한 결과를 얻을 수 있습니다. 비록 잘못을 저질렀지만 평소 피고인이 바르게 생활하였고 이번 범죄행위는 실수였음을 강조하는 것입니다.

표창장이나 수상경력, 학생인 경우 성적증명서를 통하여 평소 자신이 성실한 생활을 해왔음을 증명할 수 있습니다. 또한 피고인을 지켜본 주변인들이 그동안 피고인이 성(性)에 관하여 조심스럽고 소중하게 여겨왔음을 뒷받침할 수 있는 이야기를 작성하여 제출하여 준다면 양형자료로 활용할 수 있습니다. 이러한 주변인들의 진술이 담긴 서류를 '탄원서'라고 합니다.

양형자료를 무조건 많이 제출한다고 해서 형이 감경되는 것은 아니므로 사건의 특징에 맞게 적절하게 제출되어야 합니다. 양형자료를 제출하기 전 그 성격과 내용을 다시 한 번 면밀하게 검토해 보시기 바랍니다.

Q24. 항소를 하고 싶어요.

분명 제가 잘못한 일이 아닌데 대처가 미흡한 관계로 1심판결에서 유죄가 나왔습니다. 우리나라는 3심제를 따르니까 저도 총 3번의 재판을 받을 수 있는 게 맞죠? 1심 판결에 불복하여 2심 재판을 받고 싶은데 절차가 어떻게 되나요?

항소란 1심 판결에 불복하는 것을 말합니다. 항소는 법적으로 정해진 항소기간 내에 해야 하는데, 이는 불변기간으로 그 기간을 도과하면 항소할 수 없습니다. 항소를 하려는 자가 날짜를 착각하여 기간을 놓쳤다 하더라도 법원은 이를 참작하여 받아주지 않는다는 뜻입니다.

민사소송과 형사소송의 경우 항소기간이 다른데, 특히 형사소송의 경우 항소기간은 '판결선고일'을 기준으로 7일 이내로 그 기간이 민사소송보다 다소 짧기 때문에 반드시 유의해야 합니다. 따라서 판결에 불복한다면 가급적 즉시, 혹은 1~2일 내에 항소장을 제출하는 것이 바람직합니다. 한편 항소장은 원심법원(1심 선고를 한 법원)에 제출하면 됩니다.

항소를 하는 이유를 구체적으로 기재한 항소이유서는 항소장 제출 이후에 내더라도 무방합니다. 항소이유서는 항소심 사건이 진행되는 항소법원에 제출하는데 이러한 구분이 쉽지 않기 때문에 항소장에 곧바로 '항소이유'라는 목차를 마련하고 양형 부당 및 법리 오해를 기재하여 항소장을 제출하기도 합니다. 이와 같이 간단하게라도 항소장에 항소이유를 기재해 둔다면, 항소의 이유가 없다는 이유로 항소심 판단조차 제대로 받아보지 못하고 기각되는 것을 예방할 수 있기도 합니다.

Q25. 무죄가 나왔어요. 상대를 무고로 고소할 수 있나요?

> 억울함이 해소되어 다행히 무죄가 나왔습니다. 하지만 수사와 재판을 거치면서 적지 않은 시간과 비용이 소요되었고 그 과정에서 크나큰 심적 고통을 겪었습니다. 상대방이 너무나도 미운데, 상대를 무고죄로 고소하면 승산이 있을까요?

억울하게 피의자로 몰려 힘든 과정을 겪었기에 상대방에 대한 분노가 상당한 것이 당연합니다. 그러나 고소인을 다시 무고의 혐의로 고소하는 것은 신중하게 검토해야 합니다.

무고죄란 타인으로 하여금 형사처분 또는 징계처분을 받게 할 목적으로 공무소 또는 공무원에 대하여 허위의 사실을 신고한 자를 처벌하는 범죄입니다. 무고죄의 성립 여부 판단의 핵심은 고소인이 허위인지 알면서 허위사실을 신고하였는지 입니다. 단순히 고소인이 사실관계를 착각하거나 오해하여 자신이 신고한 내용이 진실한 사실이라고 믿었다면 무고죄는 성립하지 않습니다.

피고인은 풍경 사진을 찍고 있었는데 우연히 고소인의 발이 촬영되었고, 이에 고소인이 피고인을 카메라 등 이용 촬영죄로 고소한 상황을 가정해봅시다. 비록 피고인이 억울하게 형사재판을 받게 되었지만, 고소인이 일부러 피고인을 형사처분을 받게 할 목적으로 신고한 것이 아니고 본인 스스로도 착각을 한 것이기 때문에 무고죄의 혐의를 인정할 수 없는 것입니다.

한편 '진실한 사실이라고 믿었다'는 것은 신고자가 자신이 알고 있는 객관적인 사실관계에 의하더라도 신고 사실이 허위라거나 또는 허위일 가능성이 있다는 인식을 하지 못하는 경우를 말하는 것이지, 신고자가 알고 있는 객관적 사실관계에 의하여 신고 사실이 허위라거나 허위일 가능성이 있다는 인식을 하면서도 이를 무시한 채 무조건 자신의 주장이 옳다고 생각하는 경우까지 포함되는 것은 아닙니다(대법원 2006. 9. 22. 선고 2006도4255 판결 등 참조).

준유사강간 사안에서 집행유예 판결이 선고된 사례

1. 사건의 개요

A와 A의 친구들은 소위 '헌팅술집'에서 B와 그 무리를 만났고, 함께 술을 마시며 밤을 지새웠습니다. 새벽녘에 이를 때까지 술자리가 이어지자 B는 술에 취한 나머지 의식을 잃었고, A는 이러한 B를 자신의 집으로 데리고 갔습니다. A는 이후 B의 항거불능 상태를 이용하여 B를 유사강간하였고, B로부터 준유사강간의 혐의로 고소를 당하였습니다.

2. 사안의 핵심 포인트

준유사강간은 그 혐의가 인정될 경우 실형이 선고되고 구속 상태에서 조사를 받을 가능성 역시 배제할 수 없는 상황이었으므로, 사건 초기부터 변호인의 조력과 구체적인 사건 검토가 필요한 사안이었습니다.

3. 민경철 변호사의 24시 성범죄 케어센터 조력결과

24시 성범죄 케어센터는 수사단계에서부터 사건의 경위 및 정상관계 등을 구체적으로 적시하여, 법원에서 유죄를 선고받더라도 집행유예를 받는 것을 목표로 상정하였습니다. 이러한 목표 하에, A는 피해자 B와 원만하게 합의하였고 A가 초범인 점, B에게 처벌의사가 없다는 점, 재범의 여지가 적다는 점 등을 적극 변호한 결과 A는 집행유예를 받게 되었습니다.

CHAPTER 2

피해자편

내가 성범죄의 희생양이 되었다면

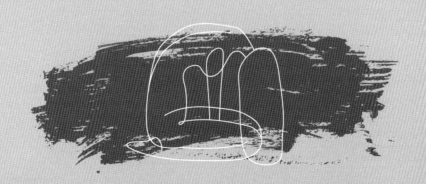

Ⅰ. 사건 직후 대처

Q1. 성폭력을 당했어요… 제 잘못인거 같아요.

제가 성폭력이라는 끔찍한 일을 겪게 되었습니다. 내가 좀 더 주의할 걸, 술을 많이 마시지 말걸, 이러한 생각이 계속 머릿속을 떠나지 않아 너무나도 괴롭습니다.

모든 범죄에서 '피해자'가 잘못하는 경우는 없습니다. 성범죄 역시 마찬가지입니다. 교통사고와 같이 우연히 갑작스레 찾아온 사고니까 자책할 필요가 없습니다.

성범죄는 그 특성상 은밀하게 이루어지는 경우가 대부분이고 성(性)이라는 민감한 법익이 침해되었기 때문에, 피해자는 주변에 도움을 받는 것을 꺼리게 됩니다. 이러한 이유로 성범죄는 암수범죄율이 높은 범죄 중 하나로 평가되고 있습니다. (암수범죄란 범죄가 발생했으나 피해자가 신고를 하지 않는 등의 이유로 수사기관이 인지하지 못해 공식적인 범죄 통계에 잡히지 않는 현상을 지칭합니다.)

지금까지 많은 성범죄 피해자들은 마치 자신의 잘못이라고 여기는 사회적 편견 혹은 스스로 느끼는 수치스러움 때문에 피해를 입고도 범죄를 신고하지 않았습니다. 대검찰청 자료에 따르면 2018년 한 해 강간, 강도강간, 아동·청소년 대상 강간 등과 같은 중대 성범죄 접수 건수만 41,089건으로 우리 주변에서 성범죄는 매우 빈번하게 발생하고 있는 상황입니다.

다행인 것은 2018년 시작된 '미투(Me Too)운동' 이후 성범죄를 바라보는 인식이 많이 바뀌었다는 것입니다. 기존의 성범죄 피해자를 비난하던 사회적 시각이 변화하면서, 피해자들 또한 자신의 피해를 신고하고 정당한 보상을 받는 것에 대하여 용기를 내고 있습니다.

혹여 성범죄 피해사실을 겪더라도 나만 당한 것이라고 생각하고 숨기지 말고 당당하게 맞서야 합니다. 가해자는 자신의 잘못에 상응하는 벌을 받아 자신의 잘못을 뉘우치고 피해자는 피해를 회복하는 것이 당연합니다.

Q2. 성범죄 피해를 입었어요. 당장 무엇을 해야 할까요?

친구들이랑 술을 마시던 중 옆자리 사람들이 동석해도 되냐고 말을 꺼내왔고 저희는 이에 응해 다 같이 이야기를 나누며 놀게 되었습니다. 그런데 술을 많이 마셔 기억을 잠깐 잃게 되었고 정신을 차려보니 저는 어떤 모텔에 발가벗은 채로 누워있었습니다. 전 어떻게 해야 하나요?

예상치 못한 갑작스러운 현실에 막막함을 느끼는 건 당연합니다. 신고하는 것이 가장 우선시 되어야 합니다. 신고를 하여 전문적인 도움을 얻는다면 사실관계를 입증할 증거들을 정확하게 모을 수 있습니다. 우리나라는 증거재판주의를 취하고 있으므로 증거가 없으면 가해자의 범죄를 처벌하기 어렵습니다.

성폭력 피해신고기관 및 연락처는 다음과 같습니다.

구분	신고전화	인터넷 신고
경찰청	☎ 112	사이버경찰청
검찰청	☎ 1301	검찰청 온라인민원실
여성긴급전화	☎ 지역번호 + 1366	여성긴급전화 1366
성폭력피해상담소	전국 성폭력피해상담소 연락처	
해바라기센터	전국 해바라기센터 연락처	

대표적으로 확보할 수 있는 증거는 CCTV, 블랙박스 영상, 그리고 피해자의 속옷 등입니다. 특히 요즘에는 공공장소 곳곳에 CCTV가 설치되어 있고 대부분의 차량에 블랙박스도 설치되어 있어서, 영상증거가 가장 확실하고 객관적인 증거가 되곤 합니다.

최근 급증하는 준강간죄를 살펴보겠습니다. 준강간죄이란 사람의 심신상실 또는 항거불능 상태를 이용하여 간음을 한 범죄입니다. 피해자가 술에 취해 사리판단이 어렵고 자신의 신체를 제대로 제어하지 못하는 상태에 빠진 경우도 '심신상실'에 포함됩니다. 그런데 사건 발생 후 수사가 이루어질 때 어떻게 범행 당시 피해자가 만취상태였음을 증명할 수 있을까요?

첫 번째로 생각할 수 있는 증거는 CCTV 영상입니다. 통상적인 경우 범죄가 발생한 숙박업소에 설치된 CCTV를 살펴보게 됩니다. 만약 피해자가 몸을 제대로 가누지도 못하는 상황에서 가해자가 피해자를 끌고 숙박업소에 들어가는 장면이 나온다면 피해자는 실제로 성행위 당시 자신의 의사를 밝힐만한 상태가 아니었을 가능성이 높겠지요.

나아가 사건이 발생한 직후 해바라기센터를 통해 피해자의 혈액 속에 남아 있는 알코올 농도 수치를 측정하여 피해자의 합의 없이 성관계가 이루어졌다는 것을 증명할 수 있습니다.

피해자의 속옷 혹은 몸에 가해자의 정자나 DNA가 묻어있을 가능성이 높습니다. 일반인이 이를 채취하는 것은 어렵기 때문에 해바라기센터 등의 도움을 받아 증거를 수집할 필요가 있습니다.

─── **더 알아보기** ───

해바라기센터는 어떤 곳인가요?

해바라기센터는 성폭력피해자 통합지원센터로 피해가 발생한 위기개입부터 후유증 치유까지 지속적인 지원을 제공하고 있습니다.
모든 성폭력 피해 여성은 해바라기센터의 도움을 받을 수 있고 구체적으로 의학적, 심리적 진단 및 치료, 법률지원, 상담서비스 등을 제공받을 수 있습니다.

또한 피해자는 가족이나 가까운 친구 등에게 카카오톡 메신저, 문자 메시지 등을 발송하여 피해사실을 알리는 것이 좋습니다. 최소한 "일어나보니 기억에 없는 장소에 있다", "술을 마셨는데 잠에서 깨니 누군지 모르는 사람이 옆에 누워있다" 등과 같이 자신의 상황을 정확하게 알려 혹시라도 생길 2차 피해를 대비하고 증거도 확보할 수 있도록 해야 합니다.

피해자 진술이 유일한 증거라면 수사나 재판과정에서 피해자에게 수차례 피해사실을 들어야 하는 상황이 생기므로 피해자는 이중으로 고통받게 됩니다. 따라서 피해사실을 떠올리는 것이 비록 끔찍하더라도 성범죄는 절대 피해자의 잘못이 아님을 기억하고 증거확보에 최선을 다하여야 추후에 받을 상처를 예방할 수 있습니다.

혹시 가해자의 연락처를 알고 있어서 전화나 메신저 등으로 연락을 시도하고 싶다면 통화녹음을 하거나 메신저로 구체적인 사실관계 등을 확인하는 내용을 남겨두는 것이 바람직합니다.

Q3. 어떤 경우 변호사와의 상담이 필요할까요.

변호사를 선임한다면 체계적으로 고소를 진행할 수 있고 가해자와의 직접적인 연락을 피할 수 있다고 들었습니다. 제 경우에도 변호사가 꼭 필요한 것일까요? 그렇다면 변호사와 상담을 받기 전에 어떤 자료를 준비하면 좋을까요?

성관계의 합의가 있었다면 성범죄가 성립하지 않으므로 '성관계 당시 합의의 존재여부'가 범죄성립의 핵심이 됩니다. 성범죄가 발생했던 과거 시점에 가해자와 피해자 사이에 서로 동의하에 성관계를 하였는지 밝히는 것은 현실적으로 어렵습니다. 피해자는 법원과 수사기관 등에서 '성관계 합의가 없었다'는 것을 뒷받침해주는 요소들을 증명해야 하므로 해당 요건들을 정확히 알고 있는 변호사의 도움을 받는 것이 바람직 할 수 있습니다.

피해사실을 입증할 만한 증거가 전혀 없거나, 더 심각한 경우 피해자와 가해자 사이의 성관계에 대한 합의가 있었다고 오해할 만한 자료가 존재할 수 있습니다. 가령 함께 숙박업소로 들어가는 CCTV 영상이 있는 경우, 이후 객실에서 성관계를 거부하였더라도 두 사람 사이의 합의가 있었다고 오해할 수 있습니다. 이러한 상태에서 피해자의 진술마저 일관성이 부족하게 된다면 오히려 가해자가 피해자가 되고 피해자는 무고죄로 고소당하는 억울한 상황이 발생할 수 있습니다.

이처럼 가해자의 범행사실 증명이 어려운 경우에는 변호사를 선임하여 철저한 대비를 하는 것이 좋습니다. 상담을 받기 전에 다음의 것들을 준비한 뒤 변호사를 찾으면 더욱 좋습니다.

- 가해자에게 책임을 묻는 메신저 대화내용
- 가해자와의 대화가 담긴 통화 녹음자료
- 범죄가 발생한 일시, 장소 등을 최대한 기억하여 기록한 메모
- 범죄 발생 전후의 상황을 기억하여 기록한 메모
- 주변 지인에게 도움을 요청한 사실을 증명할 수 있는 자료

다만 성범죄 피해자의 경우 국선변호인 선임이 가능하므로 국선 변호인의 도움을 받아보시고, 그럼에도 부족하다고 판단되실 때 사선 변호인의 선임을 검토해 보는 것이 좋습니다.

--- 더 알아보기 ---

통화 내용을 녹음하는 것이 불법은 아닌가요?

통신비밀보호법은 누구든지 공개되지 아니한 타인간의 대화를 녹음하거나 전자장치 또는 기계적 수단을 이용하여 청취할 수 없다고 규정하고 있습니다. 그러나 이에 따라 금지되는 '불법녹음'은 녹음한 사람이 대화의 당사자가 아니면서 타인 간의 대화를 녹음한 경우를 말합니다. 따라서 피해자가 가해자와 통화를 하면서 녹음을 한다면 피해자가 바로 대화의 당사자이기 때문에 통화를 녹음하여도 위법하게 수집한 증거가 아닙니다.

Q4. 가해자에게 합의를 요구할까요?

가해자랑 이야기를 해서 이 사건을 매듭짓고 싶어요. 더 이상 이 일을 떠오르기도 싫고 연루되기도 싫습니다. 또한 제가 신고하면 고소인도 조사를 받는다고 해서 너무 부담스럽더라고요. 제가 먼저 합의를 요구하면 안되나요?

법원과 수사기관에서 중요하게 생각하는 것 중 하나는 피해자가 허위로 신고할 동기가 있냐는 것입니다. 만일 경찰에 신고하기도 전에 피해자가 먼저 합의를 시도하고 합의금을 요구한다면 자칫 돈을 이유로 허위 신고를 하였다고 의심받을 수 있습니다.

피해자의 입장에서는 하루빨리 사건을 해결하고 끔찍한 범죄를 잊고 싶은 마음에 합의를 요구할 수 있습니다. 하지만 사건이 발생한 이후 합의를 요구하였다는 이유로 오해가 생길 수 있습니다.

또한 가해자와 직접 합의를 시도하는 경우 원만하게 대화가 이루어지기 어렵고 오히려 가해자의 태도에 추가적으로 정신적 고통을 입는 등 2차 피해가 발생할 수 있습니다. 가해자가 변호인을 선임한 경우 최소한 변호인은 가해자를 변호한다 하더라도 2차 가해를 하지 않도록 유의하고 있으므로 변호인을 통하여 대화하는 것이 좋습니다. 이러한 상황이 아니라면 당사자 간의 합의는 가급적 신중을 기하는 것이 좋습니다.

한편 굳이 합의를 서두를 필요는 없습니다. 일단 고소를 하여 수사가 진행되면 가해자는 조사 과정에서 자신의 잘못을 정확하게 인지할 수 있으므로 보다 용이하게 가해자로부터 진심어린 사과를 받을 수 있습니다. 더 나아가 검찰의 기소까지 이루어진다면 피해자와의 합의를 통한 피해회복은 중요한 양형 요소로 작용하므로 기소 이후에도 합의를 진행할 수도 있습니다.

따라서 조급하게 합의를 시도하기보다는 진심 어린 사과를 받고 이후 현실적인 피해를 보상받는 것이 보다 바람직합니다.

Ⅱ. 나의 입장 정하기

Q5. 고소하면 취소가 안되나요? 고소가 망설여집니다.

고소하면 취소가 불가능한가요? 피의자의 반성문을 보니 정말 진심이 느껴지더라고요. 저도 사건을 더 크게 부풀리고 싶지 않은데, 고소하면 취소가 안된다는 이야기를 들어서 망설여집니다.

고소한 이후라고 하더라도 고소인은 언제든지 고소취소가 가능합니다. 다만 성범죄 관련 법률이 개정되면서 피해자가 고소를 한 뒤, 고소를 취소하더라도 친고죄가 아닌 이상 가해자는 계속하여 수사 및 재판을 받아야 합니다. 그러므로 과거와 달리 고소취소의 효력이 달라진 것이지 고소 후 취소를 할 수 없는 것은 아닙니다.

물론 피해자가 고소취소를 한다면 양형사유가 될 수 있습니다. 피해자가 용서를 해주었다는 의미가 되기 때문에 처벌의 필요성이 다소 완화되는 것입니다. 하지만 성범죄 사건이 접수된 이상 계속하여 가해자에 대한 수사와 재판이 진행되므로 피해자는 간혹 그러한 사실에 무게를 느껴 고소를 주저할 수 있습니다.

이때 조언 드리는 말씀은 고소를 주저하는 이유를 먼저 확인하라는 것입니다. 가해자의 행위로 신체적·정신적 상처가 약하다고 생각해서인지, 가해자의 보복이 두려운 것인지, 가해자가 진심으로 뉘우치고 있어서인지 아니면 여러 가지 이유가 복합적으로 작용해서인지 확인해보십시오.

가해자와 이야기를 나눠 보거나 혹은 변호사와의 상담을 통하여 자신의 입장을 명확하게 설정한 다음에 고소를 진행하는 것이 현명한 방법이 될 수 있습니다. 다만 범죄의 증거가 변질되거나 오염될 수 있으므로 범죄 피해를 입은 후 최대한 빠르게 자신의 입장을 결정하는 것이 중요합니다.

Q6. 고소하면 가해자는 앞으로 어떤 형사 사법상 절차를 거치게 되나요?

성범죄 가해자를 고소하면 가해자는 어떤 형사 사법상 절차를 거쳐 수사를 받게 되나요? 경찰이 수사를 하는 것으로 아는데, 그렇다면 검사는 무슨 역할을 하나요? 최종적으로 가해자가 유죄로 징역형 등을 받으려면 어떤 절차를 거치게 되나요?

고소가 정식으로 접수되면 통상적으로 ① 경찰은 고소인 조사를 한 후 가해자를 소환하여 조사합니다. 사건에 관하여 질의하고 범죄의 구성요건이 성립하는지 확인하는 절차입니다. 경찰은 혐의를 인정하면 검찰로 사건을 송치합니다. ② 검찰은 기소를 독점적으로 담당하는 기관으로, 법원의 판단을 구하는 공소를 제기할 것인지 말 것인지 결정합니다. 검찰은 경찰의 수사를 토대로 가해자의 혐의를 보충하여 조사하고 혐의를 인정하면 공소제기를 합니다. 이는 형사법원에 형벌의 구형을 하고 처벌을 내려달라는 절차입니다. 기소가 되면 ③ 법원은 그 사람이 유죄인지 무죄인지 판단하고, 유죄인 경우 가해자의 범행동기, 양형사유 등을 종합하여 처벌의 경중을 결정하게 됩니다.

반대로 경찰이 성범죄 가해자의 혐의를 인정하지 않는다면 불송치 결정을 내려 검찰로 사건을 송부하지 않고 경찰 수사단계에서 사건을 종료시킵니다. 이때 고소인 등은 불송치결정에 대한 이의제기를 할 수 있습니다(Q19 참조). 경찰이 송치의견으로 사건을 송치하였다고 하더라도 검찰은 자체적인 조사 후 기소를 하지 않을 수 있습니다. 대표적으로 기소유예 처분을 할 수 있는데, 성범죄 가해자의 혐의는 인정하나 범행의 동기나 초범여부 및 피해회복의 노력의 정도를 감안하여 공소에 이르지는 않는 것입니다. 고소인 등은 검찰의 불기소처분에 항고하거나 재정신청을 할 수 있습니다.

Q7. 가해자는 어떤 처벌과 부가처분을 받게 되죠?

성범죄 가해자가 결국 어떤 처벌을 받게 되는 건가요? 성범죄자에게 전자발찌나 신상정보 공개 같은 처분도 내려진다는데 제 경우에도 해당되나요?

성범죄의 행위에 따라 처벌의 내용이 달라집니다. 주요 성범죄에 따른 처벌 내용은 아래의 표에 담았습니다.

형법에 따른 성범죄	처벌 내용
공연음란죄(제245조)	1년 이하의 징역, 500만원 이하의 벌금, 구류 또는 과료
강간죄, 준강간죄(제297조, 제299조)	3년 이상의 유기징역
유사강간죄(제297조의2)	2년 이상의 유기징역
강제추행죄, 준강제추행죄 (제298조, 제299조)	10년 이하의 징역 또는 1천500만원 이하의 벌금
강간 등 상해·치상(제301조)	무기 또는 5년 이상의 징역
업무상 위력 등에 의한 간음죄 (제303조)	7년 이하의 징역 또는 3천만원 이하의 벌금
미수범 처벌(제300조)	강간(준강간), 유사강간, 강제추행(준강제추행)

성폭력특별법에 따라 가중처벌이 되기도 합니다. 그중 빈번하게 문제되는 죄명만 소개해 드립니다.

성폭력특별법에 따른 성범죄	처벌 내용
업무상 위력 등에 의한 추행죄 (제10조)	3년 이하의 징역, 1천500만원 이하의 벌금, 구류 또는 과료
공중 밀집 장소에서의 추행죄 (제11조)	1년 이하의 징역 또는 3천만원 이하의 벌금
성적 목적을 위한 다중이용장소 침입 행위죄(제12조)	1년 이하의 징역 또는 1천만원 이하의 벌금
통신매체 이용 음란죄(제13조)	2년 이하의 징역 또는 2천만원 이하의 벌금
카메라 등 이용 촬영죄(제14조) 및 그 미수(제15조)	7년 이하의 징역 또는 5천만원 이하의 벌금

일반인이 "저 사람이 한 행동은 분명 강제추행죄야"라고 생각하더라도 실제로 법률상 그 요건이 성립되지 않을 수 있습니다. 국가가 국민을 처벌하려면 그 요건을 엄격히 해석해야한다는 것이 형법의 기본 전제이기 때문입니다. 따라서 단순한 문언 해석만으로 가해자의 범죄를 속단할 수는 없고 법률전문가의 판단을 구해봐야 합니다.

사안에 따라 형벌 이외의 처분이 내려질 수 있는데, 그 종류로는 보호관찰·사회봉사·수강명령 등이 있습니다. 여기서 보호관찰이란 범죄자를 교도소에 수감하는 대신 정상적인 사회생활을 영위하게 하면서 보호관찰기관의 지도나 감독을 받게 하는 것입니다. 보호관찰대상자에게는 특정시간대의 외출이 제한되거나 특정인에 대한 접근금지 등의 여러 가지 맞춤형 결정이 내려질 수 있습니다.

한편 법원은 일정한 성폭력 범죄자에 대하여 신상정보 등록 및 공개 결정과 위치추적 전자장치 부착 명령을 내릴 수 있습니다. 또한 그 범죄자가 성도착증 환자로 인정되면 성충동 약물치료를 실시할 수도 있습니다.

성폭력특별법 제42조 내지 제49조에 따라, 신상정보 등록명령이 내려지면 범죄자의 성명, 주민번호, 주소, 직업, 연락처, 소유차량 정보 등이 데이터베이스화 되어 국가가 보관하게 됩니다. 더 나아가 신상정보 공개명령까지 있다면 일반인들에게 범죄자의 성명, 나이, 성범죄 요지 및 전과사실 등이 공개됩니다. 이러한 공개정보는 누구나 성범죄자 알림e 사이트(www.sexoffender.go.kr)에서 쉽게 접근 가능합니다. 이런 신상정보가 공개된 자의 정보를 아동청소년이 있는 가구나 어린이집 등에 우편으로 알리는 고지명령 역시 이루어질 수 있습니다.

전자장치 부착 대상이 되는 성범죄는 전자장치부착에 관한 법률 제1조 및 제2조에 명시되어 있습니다. 대부분의 성범죄가 포함되나 공연음란죄나 성폭력특별법 제10조 내지 제15조의 죄는 포함되지 않습니다.

성범죄자의 처단형에 따라 짧게는 1년에서 길게는 30년까지 전자장치를 부착하도록 명령이 내려질 수 있고, 그와 동시에 특정시간대의 외출제한이나 접근금지 등의 명령도 함께 내려질 수 있습니다.

Q8. 증거 수집을 위하여 제가 해야 할 점이 있나요?

고소를 하면 경찰 수사관들이 알아서 증인을 찾는 등 증거를 찾아봐주겠지요? 제가 증거 수집을 직접 해야 할 필요가 있나요? 만약 그렇다면 증거 수집의 바람직한 방법이 따로 있나요?

증거 수집은 가해자가 고소사실을 알게 된 이후에 하면 늦을 수 있습니다. 이를 반드시 명심해 두어야 합니다. 특히 성범죄는 두 사람 사이에서 내밀하게 일어나는 경우가 많아서 증거가 많지 않습니다. 그리하여 성범죄 사건 이후에 상대방이 한 이야기 또는 상대방이 보인 태도 또는 주변 사람들이 목격한 진술 등이 굉장한 중요한 증거로 사용될 수가 있습니다.

가령 상대방과 그 범죄행위에 관하여 얘기하면서 "너 저번에 나한테 이렇게 했는데 그건 네가 잘못한 거 아니니?" 등의 질문을 할 수 있습니다. 피해자는 이런 대화를 녹음하거나 카카오톡 등의 메신저로 대화를 주고받는 과정에서 증거를 확보 할 수 있습니다.

고소를 하면 일단 상대방은 방어하기 시작합니다. 이는 당연한 수순입니다. 상대 가해자 역시 범죄행위에 관하여 찬찬히 생각하면서 자신에게 불리한 증거들을 가려내고, 더 나아가 그런 것들을 사전에 없애려고 노력할 것입니다. 그리고 고소장을 열람·등사하여 고소인의 진술의 모순을 찾아내려고 안간힘을 쓸 것입니다.

이러한 점에서 고소 이후에는 상대 가해자와 아예 대화로써 문제를 해결하는 것은 어려워질 수 있습니다. 상대 가해자는 피해자가 대화를 시도하려고 해도 "얘가 뭔가 녹취하려고 하는구나, 카카오톡으로 뭔가 증거를 수집하려고 하는구나."하며 의심하고 방어적인 태도를 보일 수

밖에 없기 때문입니다.

물론 고소가 접수되면 수사기관은 피해자 개인이 확보하기 어려운 증거들을 공권력으로써 수집할 수 있습니다. 또한 사건 직후 고소(신고)를 하는 것이 실제로 피해를 당했다는 사실에 대해 신빙성을 더하는 근거가 되기도 합니다. 그러나 명백한 객관적 증거가 없는 경우라면 피해자는 직접 초기에 확보할 수 있는 것들을 최대한 수집하는 것이 바람직하고, 이렇게 확보된 증거는 고소장에 신빙성을 더해주는 요소로도 작용하게 됩니다.

Q9. 제 말이 유일한 증거인데 수사기관이나 법원이 제 말을 믿어줄 까요?

아무리 찾아봐도 제 진술 빼고는 증거가 없습니다. CCTV도, 목격자도 없습니다. 제 진술이 전부인데 이러한 경우에도 수사기관이나 법원이 제 말을 믿어줄 까요?

법원은 일관하여 "피해자 등의 진술은 진술 내용의 주요한 부분으로 일관되며, 경험칙에 비춰 비합리적이거나 진술 자체로 모순되는 부분이 없고, 또한 허위로 피고인에게 불리한 진술을 할 만한 동기나 이유가 분명하게 드러나지 않는 이상 그 진술의 신빙성을 특별한 이유 없이 함부로 배척해서는 아니된다"는 태도를 고수하고 있습니다.

더 나아가 대법원은 성범죄 피해자에게 '피해자다운' 모습이 부재하여 그 진술의 신빙성을 부정한 원심의 판결을 뒤집고 「성폭행 피해자의 대처 양상은 피해자의 성정이나 가해자와의 관계 및 구체적인 상황에 따라 다르게 나타날 수밖에 없다. 따라서 개별적, 구체적인 사건에서 성폭행 등의 피해자가 처하여 있는 특별한 사정을 충분히 고려하지 않은 채 피해자 진술의 증명력을 가볍게 배척하는 것은 정의와 형평의 이념에 입각하여 논리와 경험의 법칙에 따른 증거판단이라고 볼 수 없다.」고 판시하였습니다. 즉 범행 후 피해자의 태도 중 '마땅히 그러한 반응을 보여야만 하는 피해자'로 보이지 않는 사정이 존재한다는 이유만으로 피해자 진술의 신빙성을 함부로 배척할 수 없다는 것입니다.

이처럼 법원의 성인지 감수성은 해를 거듭할수록 발전하고 있습니다. 따라서 자신의 진술만이 유일한 증거이므로 증거가 부족하다고 섣불리 단정하지 말고, 일단 고소를 진행하여 수사기관의 도움을 받는 것이 좋습니다. 그 과정에서 성범죄 가해자가 자백을 하거나 모순되는 변명을 하는 등 생각지도 못한 증거가 드러나는 경우도 있기 때문입니다.

Q10. 저 역시 술에 만취하여 제대로 기억이 나지 않습니다. 이럴 때는 어쩌죠?

흔히들 필름이 끊겼다고 하죠. 그날 제 상태가 딱 그랬습니다. 정신을 차리고 보니 모텔방에 옷이 벗겨진 채로 누워 있었습니다. 무슨 일이 일어나긴 한 것 같은데, 저는 정말 상대방과의 관계를 원하지 않았거든요. 그런데 CCTV를 보니 제가 말도 하고 걸어 다니기도 하는데 저는 전혀 기억이 나지 않습니다. 이런 경우는 어떻게 하죠?

피해자가 만취하거나 잠에 빠져 있는 등의 사정으로 심신상실 또는 항거불능의 상태에 있을 때 강간이나 강제추행의 범행이 발생했다면, 성범죄 가해자는 준강간 내지 준강제추행의 혐의를 받게 됩니다.

말씀하신 것을 보니 소위 '알코올 블랙아웃'을 경험한 것으로 보입니다. 알코올 블랙아웃이란, 단기간 폭음으로 알코올 혈중농도가 급격히 올라가 기억형성에 관여하는 뇌의 특정 기능에 영향을 미침으로써 행위자가 일정한 시점에 진행되었던 사실에 대한 기억을 상실하게 되는 상태를 말합니다.

유사한 사례에서 원심은 이와 같은 상태에서는 스스로 행동한 부분도 기억하지 못할 가능성이 있다는 등의 이유로 성범죄 가해자에 대하여 무죄선고를 내린 적이 있습니다. 그러나 대법원은 알코올 블랙아웃의 가능성을 쉽사리 인정하여서는 안되고, 피해자와 피고인의 관계, 연령 차이, 피해자가 피고인을 만나기 전까지의 상황, 함께 모텔에 가게 된 경위 등 사정에 비추어 볼 때 피해자가 피고인과 성적 관계를 맺는 것에 동의하였다고 볼 정황을 개별적으로 고려하여야 한다고 판시하였습니다.

즉 블랙아웃이 발생하여 피해자가 당시 상황을 기억하지 못한다는 이유만으로 피해자가 동의를 하였을 가능성이 있다고 보아 이를 합리적 의심의 근거로 삼는 것은 타당하지 않다는 취지로 판시한 것입니다.

따라서 제반사정을 살펴보았을 때 성범죄 가해자와 절대 성적 접촉을 할 가능성이 전혀 없는 등의 특별한 사정이 있다면, 비록 당시의 상황이 전혀 기억이 나지 않더라도 고소 조치를 취할 수 있습니다.

성범죄 자체를 부인하는 가해자에 대한 고소 대리 사례

1. 사건의 개요

A는 20대 초반의 여성으로, 유명 음악프로듀서인 가해자 B는 술에 취해 자고 있던 A의 하의를 벗기고 A의 음부에 자신의 성기를 삽입하여 준강간하였다는 혐의를 받고 있었습니다. 이 사건에서 B는 자신의 혐의를 극구 부인하여 A로서는 성범죄 피해사실에 더하여 극심한 정신적 고통까지 겪게 되었습니다.

2. 사안의 핵심 포인트

A에게는 당초 국선변호사가 지정되었으나 국선변호사는 워낙 많은 사건을 다루다보니 충실한 변론을 하기 어려웠고, A는 난생 처음 당한 범죄피해에 합의금은 얼마가 적당한지, 합의진행은 어떻게 해야 하는 것인지 등을 알기 어려웠습니다. 또한 가해자가 완강하게 범행사실을 부인하였기 때문에, A 역시 수사단계에서 보다 심층적인 조사를 받아야 하고 법원에 증인으로 출석까지 해야 하는 상황이었습니다.

3. 민경철 변호사의 24시 성범죄 케어센터 조력결과

24시 성범죄 케어센터는 A가 겪었을 고통과 상처를 공감하고 이해하며, A가 마음을 열고 편안한 상태에서 상담을 할 수 있도록 신뢰감 형성에 주력하였습니다. 수사단계에서도 B의 혐의가 입증될 수 있도록 적극 협조하였습니다.

결과적으로 A가 제출하였던 증거에서 B의 DNA를 발견할 수 있었고, B는 구속이 되어서야 본인의 잘못을 인정하고 A에게 용서를 구했습니다. 24시 성범죄 케어센터는 B의 혐의를 밝히는 데에 그치지 않고 A가 피해 회복을 할 수 있는 합당한 금액으로 합의를 이끌어 낼 수 있었습니다.

Ⅲ. 신고/고소와 합의

Q11 신고와 고소는 다르다고요?

성폭력 피해를 당했어요. 가해자를 처벌하고 싶은데 경찰에 단순히 신고하는 것과 고소하는 것, 둘 사이에 어떠한 차이가 있나요?

수사기관은 신고는 '인지 사건'으로, 고소는 '고소 사건'으로 처리합니다. 신고와 고소가 모두 수사기관으로 하여금 수사를 개시하게 한다는 점에서 큰 차이가 없습니다.

통상 신고는 범죄사건 직후에 112로 전화를 거는 등의 방법으로 이루어지고, 고소는 그 시점에 구애받지 않습니다. 성범죄사건의 경우 면식범(가해자와 피해자가 서로 아는 사이)이 많은데, 내가 가해자를 고소하게 되면 그 사람과의 관계나 내 사회생활에 미치는 영향 등을 고심하게 되면서 범죄를 알리는 시점이 늦어지게 됩니다. 이러한 경우 보통 신고가 아닌 고소의 절차를 밟게 됩니다.

신고와 고소의 차이는 검찰이 해당 혐의를 불기소처분 할 때 두드러집니다. 검찰은 불기소처분을 할 시 형사소송법에 따라 고소·고발인에게 서면으로 불기소이유를 통지해야 합니다. 성범죄 피해자는 이에 불복한다면 항고 신청을 할 수 있습니다.

그러나 단순한 신고인은 원칙적으로 이러한 항고권을 법적으로 보장받기 어려워집니다. 수사관서와 수사관에 따라 편차가 있지만 신고인에게 항고권을 인정하지 않는 경우가 발생할 수 있습니다. 따라서 가급적 가해자의 범죄혐의가 받아들이지 않는 경우를 대비하여 고소의 절차를 밟는 것이 더 바람직합니다.

한편 이미 112를 통하여 신고를 했다고 하더라도 별도로 고소장을 다시 제출할 수 있습니다. 그러면 수사관은 인지 사건을 다시 고소사건으로 변경하여 처리하게 됩니다. 고소는 고소장의 접수를 통하여 이루어지는데 고소장 작성방법에 대해서는 다음 장에서 더 상세히 설명해드리도록 하겠습니다.

Q12. 고소장을 어떤 형식과 내용으로 써야하고, 어디에 제출하면 되나요?

고소장을 쓰려고 하는데 어떻게 써야할지 너무 막막하네요. 어떤 형식과 내용이 들어가면 좋을까요? 다 완성된 고소장을 어디에다가 제출하는지도 궁금합니다.

고소장에는 특별한 형식이 없습니다. 인터넷에 검색하면 쉽게 고소장의 기본적인 샘플을 얻으실 수 있을 텐데, 이를 이용해도 좋습니다. '고소장'이라는 제목 아래 고소인의 인적사항과 피고소인을 쓰고 범죄사실 및 처벌을 원한다는 의사를 표명한다면 고소장의 모든 요소를 갖추게 됩니다.

피고소인의 인적사항을 모르는 경우에도 신고가 가능합니다. 하지만 수사의 편의를 위해서 최대한 구체적으로 피고소인에 대해 알 수 있는 정보를 제공하는 편이 좋습니다. 휴대전화이든, 이메일이든 최대한 피고소인을 특정할 수 있는 내용을 끄집어내야 합니다.

제출 방법은 원칙적으로는 상대방이 사는 주소지를 관할하는 경찰서가 되어야 합니다. 그런데 상대방이 어디 사는지 모른다면 내가 사는 곳에 집 근처에 있는 경찰서에 고소하면 됩니다.

제가 꼭 말씀드리고 싶은 점은, 고소하고자 결심하셨다면 최대한 빨리 고소를 진행하라는 점입니다. 두 가지 이유가 있습니다. 먼저 첫 번째로는 우리 기억력의 한계 때문입니다. 고소장에 써야 하는 고소사실은 구체적으로 써야 합니다. 그런데 우리는 당장 어제 있었던 일도 매분 매초를 기억할 수 없습니다. 수일 전에 벌어진 고소사실이라고 다르지 않습니다. 시간이 많이 흘렀다면 그 상황을 아무리 자세히 묘사하려고 하더라도 아무래도 제한이 있게 됩니다. 또한 고소를 했다면 그 범죄사실을 입증할 증거들을 확보할 필요가 있습니다. 그런데 문제는 시간이 많이 흘렀다면 그 증거마저 없어질 수 있다는 것입니다. CCTV 보존기간이 만료되어 폐기되었을 수도 있고, 해당 사건이 일어난 술집이 폐업할 수도 있습니다. 증인이 되어줄 사람이 그 사건에 대해 까맣게 잊었을 수도 있다는 것입니다.

따라서 고소를 망설일 특별한 사정이 없다면 최대한 빨리 고소를 진행하기를 권합니다.

Q13. 고소장 범죄사실 기재 시 주의해야할 점이 있나요?

고소장의 가장 중요한 부분은 무엇보다도 '범죄사실'일 텐데요. 범죄사실 기재 시 주의해야 할 점이 있으면 알려주세요.

저는 오랜 기간 검사생활을 하면서 고소인들의 고소장을 접할 기회가 많았습니다. 몇 가지만 유의해도 훨씬 좋은 고소장이 될 수 있어서 그 점을 알려드리고자 합니다.

첫째, 일목요연하게 범죄사실에 관하여만 작성할 것

성범죄의 경우 범행에 이르기까지 여러 불쾌한 경험이 부수하여 일어나곤 합니다. 즉 최종적인 강간이라는 범죄에 이르기까지 가해자는 성희롱적 언사를 할 수 있고 엉덩이를 만지는 등 추행의 요소가 잇따를 수도 있습니다. 그러나 이런 세세한 사정까지 병렬적으로 모두 나열한다면 막상 가장 중요한 강간의 범죄사실이 가려질 염려가 있습니다.

또한 그 범죄사실에 이르기까지의 과정이 있을 텐데, 가령 왜 이 사람을 알게 되었는지 두 사람 사이가 어떤 관계였는지 등의 배경 문맥이 있을 수 있습니다. 하지만 이러한 사실은 '사건의 경위'로 형법상 범죄의 구성요건을 구성하는 '범죄사실'이 될 수 없으므로 사건의 경위 범죄사실을 구분해서 쓰는 편이 바람직합니다.

둘째, 입증이 되는 범죄사실을 위주로 작성할 것

여러 범죄가 될 만한 사실을 전부 나열하고 싶은 고소인의 심정은 충분히 이해가 갑니다. 그러나 입증이 어려운 부분까지 모두 무리하게 범죄사실로 하여 고소장을 작성한다면 수사기관의 입장에서는 해당 고소장에 불신을 가질 수 있습니다. 즉 고소인이 다소 불명확한 사안을 고소했기 때문에 고소인의 기억이나 말이 신빙성이 떨어진다고 판단할 여지가 있다는 것입니다. 수사기관이 일단 고소인에 대한 부정적인 이미지를 가지게 되면 정작 명백했던 범죄사실에 대해서도 악영향을 줄 수가 있으니 주의해야 합니다.

셋째, 고소장은 정보공개청구대상이 되므로 가해자가 열람 및 복사하여 내용을 알 수 있기 때문에, 너무 자세하게 쓰지 말 것

내가 고소를 하면 성범죄 가해자인 피고소인은 그 고소장을 열람등사해서 볼 수 있습니다. 피고소인으로서도 자신이 어떤 사건 때문에 고소를 당했는지 알 권리가 있기 때문입니다.

그런데 고소장에 처음부터 상대방에게 모든 패를 다 보여주면 오히려 피고소인에게 유리한 처사가 될 수 있습니다. 피고소인은 고소장을 확인하여 앞으로 어떠한 것들이 증거자료로 제출될 것인지 확인하고 이에 미리 방어방법을 대비할 가능성이 있다는 것입니다. 가령 증인 등이 있다는 사실을 미리 밝혀버리면 피고소인이 그 증인에게 찾아가 자신에게 불리한 쪽으로 증언하지 못하도록 하는 등의 조치를 할 가능성도 있는 것입니다.

따라서 피고소인의 범죄를 밝혀줄 핵심적인 사항들은 고소장에 적시하기 보다는 고소장 이후 제출하는 고소보충의견서 등을 통하여 입장을 피력하는 것도 하나의 방법이 될 수 있습니다.

Q14. 고소 전, 상대방이 사과하며 합의하자고 합니다.

가해자가 어제 저한테 진심으로 사죄한다면서 울면서 찾아왔어요. 정말 실수로 그랬다고, 자기가 공무원시험을 준비하고 있기 때문에 전과 기록이 있으면 절대 안된다고 애원하더군요. 형사사건으로 가지 말고 원만하게 합의하자는데 어떻게 할까요?

성범죄 피해자 입장에서 합의는 신중하게 해야 하는 것이 맞습니다. 합의를 하는 것이 나쁜 것만은 아닙니다. 저도 여러 성범죄 피해 의뢰인들을 대신하여 합의를 대행하기도 했는데, 쌍방이 모두 만족하는 합의를 이끈 적이 많습니다.

성범죄 피해자도 합의를 하면 얻을 수 있는 몇 가지 이점이 있습니다.

가해자와 피해자를 모두 대리해 본 입장으로서, 피해자에게 합의의 가장 큰 장점은 바로 사건을 일찍 종결시킬 수 있다는 것이 아닌가 합니다. 일단 고소를 진행하여 형사사법절차가 진행되면, 비록 가해자를 단죄하는 과정이지만 피해자로서도 피곤하고 지치는 일이 됩니다. 누군가에게 피해 사실을 밝혀야 하고, 좋지 않은 기억을 계속 떠올려야 하기 때문입니다. 또한 수사기관의 출석요구에 응하여 조사에 출석하는 과정에서 제3자가 불미스러운 일을 알게 될 수도 있습니다.

또한 즉각적으로 신체적 정신적 피해에 대한 보상을 받을 수 있습니다. 형사 사건절차로 회부되면 가해자가 유죄 판결을 선고받고 그 판결이 확정된 이후에 비로소 민사상 손해배상을 청구하는 등의 과정을 거치게 되므로 그 피해보상까지의 시간적 간격이 생기므로 당장의 금전보상이 어려운 것과 차이가 있습니다.

마지막으로 성범죄 가해자를 잘 알고 있는 사람이라 형사처벌에 이르기까지 하는 것은 차마 내키지 않는 경우에도 합의로 마무리하여 끝내는 경우가 있습니다. 물론 금전적 합의로서 피해가 완전히 회복될 수는 없지만 진정한 사과를 동반한 합의라면 무조건 거절할 필요는 없습니다.

Q15. 합의서의 양식이 따로 있나요?

성범죄 가해자를 용서하고 합의하기로 했습니다. 합의서를 작성하려고 하는데 특별한 양식이나 그 밖의 주의해야 할 사항이 있을까요?

형사합의는 가해자가 피해자에게 일정한 보상을 약정하고 그 반대급부로 피해자가 가해자의 형사책임을 묻지 않기로 하는 일종의 계약입니다. 따라서 별도의 형식은 없고 각 당사자가 원하는 사항을 충분히 내용으로 담아내면 됩니다.

가해자 입장에서는 추후 형사고소나 고발 등을 하지 않는다는 조건을 반드시 걸게 될 것입니다. 이를 인지하고 피해자로서도 원하는 사항을 제시할 수 있습니다.

가령 "이 사건 당사자는 이 사건 합의사실 및 합의 조건에 대하여 발설하지 아니한다. 만약 그러지 않은 경우 이 합의를 무효로 한다"는 등과 같이 기밀유지의무를 조건으로 설정할 수도 있습니다. 제가 과거에 담당한 한 사건의 경우 피해자의 신체 등을 동의 없이 무단으로 촬영한 카메라 등 이용 촬영죄가 문제된 사건이었는데, 피해자는 촬영한 사진이나 영상 등을 모두 삭제하는 조건을 제시하였습니다. 이처럼 합의의 당사자들은 자신이 원하는 조건을 합의 내용에 추가할 수 있습니다.

한편 합의금의 액수에 대한 질문이 많습니다. 그 액수는 사건의 경중과 가해자의 재력여건에 따라 천차만별로 달라집니다. 수중에 1,000만원을 가지고 있는 자에게 500만원이라는 금액과, 10억원을 가지고 있는 자에게 500만원이라는 금액은 아무래도 그 의미가 다르기 때문입니다. 중요한 것은 가해자가 자신의 잘못을 반성할 수 있을 만한 정도의 액수를 제시하는 것입니다.

가끔 너무 터무니없이 낮은 액수로 합의한 경우를 보곤 합니다. 이러한 안타까운 상황을 사전에 방지하기 위하여 가능하다면 전문적인 경험을 가진 변호사에게 합의대행을 맡기는 것도 나쁘지 않다고 보입니다. 합의서의 예시는 아래와 같습니다.

합의 및 처벌불원서

사 건   2020고단0000 강제추행
피고인   OOO
피해자   OOO

위 사건에 관하여 피해자 OOO은 피고인 OOO과 아래와 같이 원만히 합의하였으므로, 위 피고인에 대한 처벌을 불원합니다.

아   래

1. 피해자 OOO은 2020. OO. OO. 피고인 OOO으로부터 서울중앙지방법원 2020고단0000 강제추행 사건에 관하여 진심 어린 사과를 받고 합의금 10,000,000원을 정히 수령하였는바, 더 이상 피고인에 대한 처벌을 원하지 않습니다.

2. 위 사건에 관하여 피해자 OOO은 추후 피고인 OOO에 대하여 민·형사상 책임을 묻지 않기로 하였으니, 부디 피고인을 선처하여 주시기 바랍니다.

첨부서류: 신분증 사본(피해자)   1부

2020. OO. OO.

피해자 OOO (OOOOOO-O******)   (인)
서울 OO구 OOO길 OO, 213 (OOO)

서울중앙지방법원 제O형사부 귀중

Ⅳ. 수사단계

Q16. 고소장이 접수되면 제 역할은 끝난 건가요?

고소장을 경찰서에 잘 접수하고 왔습니다. 이제 저는 수사가 잘 진행되기만을 바라고 있으면 되는 건가요? 제가 해야 할 역할이 더 남았을까요?

고소장을 접수하였다고 하여 피해자의 역할이 끝나는 것은 아닙니다. 피해자는 수사단계에서 피해자 내지 고소인으로서 조사를 받아야 합니다. 이미 고소장을 작성하면서 범죄사실을 구체적으로 기억해내느라 무척 힘든 경험이 되었을 것입니다. 그러나 아무리 고소장을 상세하게 작성하였다고 하더라도 고소장은 서면으로 작성된 진술에 불과하여 피해자가 직접 수사기관에 출석하여 수사관에게 구두로 피해사실을 진술하는 조사의 과정이 필요합니다.

경찰의 출석요청을 받고 출석하면 되는데, 이때 변호사를 선임하였다면 변호사의 조력을 받아 조사를 마칠 수 있습니다. 수사기관에서 피해자로서 발언한 내용은 일단 조서에 기록된 이후에는 수정이 불가하고 중요한 소송자료로 쓰이게 되므로 신중하게 진술하는 편이 좋습니다.

성범죄 피해자 조사의 경우 한 번으로 끝나는 것이 일반적이나 부득이하게 여러 차례 소환되거나 대질조사까지 임해야 할 수 있습니다. 매번 진술할 때마다 진술의 구체성과 일관성이 흔들리지 않아야 진술의 신빙성을 보여줄 수 있습니다. 진술이 아주 사소하게 달라지는 부분이라도 성범죄 가해자의 변호인은 그 지점을 지적할 수 있으니 주의해야 합니다.

　따라서 피해자 조사 전에 제출한 고소장의 내용을 다시금 확인한 후 출석하기를 추천 드립니다.

Q17. 수사나 재판과정에서 제 신상정보가 드러날까 봐 두려워요.

고소를 결심하였으나 수사나 재판하는 과정에서 혹여 제 신상정보가 유출될까 봐 걱정됩니다. 제 사건이 인터넷에 보도되거나 그러진 않겠죠? 또한 성범죄 가해자가 제 신상정보를 알아내진 못하겠죠?

성범죄 발생에 성폭력 피해자가 잘못한 바가 전혀 없다고 하더라도, 제3자가 성폭력 피해사실을 알게 된다면 아무래도 심적 부담이 가는 것이 사실입니다. 그래서 성폭력특별법과 성폭력피해자보호법은 성범죄 피해자의 신상을 보호하기 위하여 비밀엄수 의무규정을 두고 있습니다.

성범죄의 상담, 수사 또는 재판 등 이에 관여한 자가 피해자의 이름, 주소, 나이, 용모, 직업 등 성폭력 피해자를 특정하여 파악할 수 있게 하는 인적사항을 공개하거나 누설해서는 안되도록 규정되어 있습니다. 이를 어긴다면 3년 이하의 징역 또는 3천만원 이하의 벌금(수사, 재판 관여자의 경우) 또는 2년 이하의 징역 또는 500만원 이하의 벌금형(상담관여자의 경우)에 처해질 수 있습니다.

피해자의 동의 없이는 피해자의 신상을 신문 등 인쇄물에 싣거나 방송 또는 정보통신망을 통하여 공개할 수 없고, 혹여 인터넷에 피해사실이 게재되었다면 정보통신망법에 따라 즉시 해당 정보를 처리한 정보통신서비스 제공자에게 그 정보의 삭제 또는 반박내용의 게재를 요청할 수 있습니다.

한편 검사는 성범죄 피해자가 가해자로부터 보복을 당할 우려가 있다고 판단되는 경우에는 수사기관 또는 법정에의 출석 및 귀가 시 동행하게 하는 등 그 신변 보호를 위한 필요한 조치를 취할 수 있습니다. 따라서 이러한 조치가 필요하다고 생각되는 경우 담당수사관에게 도움을 요청하기 바랍니다.

Q18. 불송치결정에 불복하고 싶어요.

성범죄 가해자를 고소하였는데 경찰로부터 불송치결정문을 송달받았어요. 이렇게 가해자가 처벌받지 않고 끝나게 되는 건가요? 제가 더 조치를 취할 방안이 있나요?

불송치결정의 개념을 온전히 이해하기 위해서는 먼저 경찰과 검찰의 수사절차를 알 필요가 있습니다. 경찰은 일차적으로 고소나 고발을 접수하여 사건을 수사하게 됩니다. 그 후 수사과정에서 혐의가 있다고 판단하면 검찰에 관계서류와 증거물 일체를 송부하는데, 이를 송치라고 합니다. 그렇다면 불송치는 경찰이 피의자에게 혐의가 없다고 본 것입니다.

검·경수사권이 2021년부터 조정되었다는 뉴스는 익히 들어 잘 알고 계실 것입니다. 새로운 제도 하에서 경찰이 수사 결과 혐의가 인정되지 않는다고 판단한다면 불송치결정을 하게 되고, 불송치결정문을 송달받은 고소·고발인은 이에 불복하여 이의신청을 할 수 있습니다.

분명히 가해자가 성범죄를 저지른 것이 맞는데 불송치결정이 났다면 그자는 어떠한 처벌도 받지 않게 되므로 고소인 입장에서는 화가 나는 것이 당연합니다. 그래서 불송치결정에 대한 이의를 신청하게 됩니다. 불송치결정에 대한 이의신청서를 작성할 때에는 불송치결정문에 기재되어있는 불송치 이유를 참고하는 것이 좋습니다.

불송치의 이유로는 실무상 혐의사실을 범죄로 인정하기에 증거가 부족하다는 것이 대부분입니다. 특히 성범죄의 경우 피해자의 진술이 실질적으로 유일한 증거가 되는 경우가 많기 때문에 더욱 그러합니다. 따라서 객관적인 다른 증거를 보강하거나 기타 증거가 없는 경우 자신의 진술이 얼마나 구체적이고 일관성이 있으며 신빙성 있는지 주장할 필요가 있습니다.

Q19. 검사가 불기소처분을 했다는데 불복하고 싶어요.

경찰이 혐의를 인정하여 검찰로 사건을 송치하였으나 검찰이 기소유예 내지 혐의없음이라는 불기소처분을 내렸습니다. 검찰의 불기소처분에도 불복할 수 있나요?

유죄인지 무죄인지는 오로지 법원의 판단에 의하여 이뤄집니다. 검사는 법원의 판단을 받기 위해서 기소하는 것인데, 본인의 판단에 따라 기소여부를 결정합니다. 검사는 해당 사건에서 피의자에게 범죄의 혐의가 있다고 인정하지만, 피의자가 진심으로 반성한다고 느끼거나 전과가 없는 점 등의 여러 가지 요소를 참작하여 법원의 재판까지 거칠 필요가 없다고 생각할 수 있습니다. 이러한 경우 검사는 불기소처분 중 하나인 기소유예를 내리게 됩니다. 한편 검사는 경찰의견과 달리 혐의없음 처분을 내릴 수도 있습니다.

그러나 성범죄 가해자를 고소한 고소인이라면 검사의 불기소처분에 동의하지 않고 불복할 수 있습니다. 먼저, 처분을 내린 검사조직보다 상급기관에 시정을 요구할 수 있습니다. 검찰이 하나의 행정 조직인 만큼 내부에서 자체적으로 불복절차가 이루어지며, 검찰청법에 그 법적 근거가 마련되어 있습니다. 따라서 만약 서울남부지검에서 불기소처분을 하였다면 항고를 할 수 있고 항고가 되면 그 상급기관인 서울고등검찰청에서 다시 사건을 판단하게 됩니다.

검찰항고는 불기소처분의 통지를 받은 날로부터 30일 이내에 항고장을 제출하는 방식으로 가능합니다. 지방검찰청은 항고의 이유가 있다고 인정하는 때 스스로 처분을 경정할 수 있고, 그렇지 않다고 하더라도 고등검찰청 검사장이 항고가 이유 있다고 인정하면 지방검찰청으로 하여금 그 처분을 경정하도록 조치할 수 있습니다.

항고가 이유 없는 것으로 판단되면 항고기각결정이 내려집니다. 항고 기각결정에 맞서 고소인은 또다시 불복할 수 있는데, 이번에는 고등검 찰청의 상급기관인 검찰총장에게 이의를 제기하는 방식으로 재항고를 할 수 있습니다.

항소기각결정을 통지 받은 고소인은 그로부터 10일 이내에 해당 검사 가 소속된 지방검찰청 소재지를 관할하는 고등법원에 불기소처분에 대 한 재정신청을 할 수 있습니다. 이는 검찰 내부 시정이 아닌 법원이라는 제3기관에 이의를 신청하는 것이라는 점에서 검찰항고 및 재항고와 차 이점이 있습니다. 법원이 재정신청에 이유가 있다고 판단하면 검찰로 하여금 기소하도록 강제할 수 있고, 만약 재정신청이 기각되더라도 고 소인은 즉시항고 할 수 있습니다.

하지만 사실 재정신청이 인용되는 경우는 거의 희박합니다. 그러나 정말 억울하다면 이와 같은 여러 단계적 제도를 활용할 수 있겠습니다.

검찰 불기소 처분에 대한 항고가 인용된 사례

1. 사건의 개요

A는 직장상사 B로부터 회식 후 성추행을 당하였습니다. 그러나 사건은 택시 뒷자리에서 갑작스럽게 이루어져, A의 진술 외에는 별다른 증거가 없는 상황이었습니다. 이에 A는 성범죄 피해사실에 대한 고소를 의뢰했습니다.

2. 사안의 핵심 포인트

A는 B로부터 택시 안에서 원치 않는 신체접촉을 당한 것이 분명하였으나, A의 진술 외에는 이를 입증하기 위한 어떠한 증거도 없었습니다. 검찰은 증거불충분으로 B의 혐의가 없다고 판단하여 A의 정신적 고통은 가중되었고 변호인으로서도 난항을 겪게 되었습니다. 그러나 A와의 심도 깊은 상담과 증거자료 검토 끝에, 검찰의 B에 대한 무혐의 처분은 심히 부당한 것이라는 확신을 갖게 되었고 상급 검찰청에 항고를 하기에 이르렀습니다.

3. 민경철 변호사의 24시 성범죄 케어센터 조력결과

24시 성범죄 케어센터는 B가 평소에도 A에 대하여 잦은 스킨십을 시도하였으며, 사건 발생 당일에도 그와 비슷한 접근 방법으로 A에게 추파를 던진 사실을 입증하였습니다. 그뿐만 아니라 A와 제3자와의 카카오톡 내용 또한 분석하여 A가 가해자 B로부터 원치 않는 신체접촉을 당하였음을 암시하는 내용들을 선별, 추출하였고, 사건 발생 당일 상황 역시 법리적으로 재구성하였습니다. 이러한 노력 끝에 상급 검찰청은 항고를 받아들여 재기수사 명령을 하였고, 담당 검사는 결국 가해자를 기소하였습니다.

검찰이 무혐의처분을 한 사안에 대하여 항고를 인용하고 다시 공소를 제기하는 비율은 10%도 채 되지 않습니다. 그럼에도 불구하고 저희 24시 성범죄 케어센터는 억울한 피해자인 의뢰인이 피해구제를 받지 못하는 불합리한 결과를 방지하기 위하여 각고의 노력을 다하였고, 결국 가해자는 기소되었습니다.

Ⅴ. 재판단계

Q20. 증인으로 소환 당했습니다. 피해자가 법정에 꼭 서야 하나요?

성폭력범죄 가해자의 혐의를 잘 입증하여 기소에 이르렀습니다. 이제 가해자가 형사처벌을 받는 것만을 지켜보면 될 것이라 생각했는데, 법원으로부터 증인 소환장이 날아왔습니다. 가해자의 형사소송에 증인으로 출석하라는 내용인데, 제가 피해자인데 꼭 재판에 참여해야 하나요?

증인은 인적 증거로서 형사 공판절차에서 중요한 역할을 하게 되어 있습니다. 법관은 증인의 증언뿐만 아니라 비언어적인 요소, 즉 표정이나 진술 태도 등을 종합적으로 고려하여 심증을 형성할 수 있기 때문입니다. 검사, 피고인 또는 변호인, 그리고 범죄로 인한 피해자는 모두 법원에 증인을 신청할 수 있고, 법원이 직권으로도 증인소환을 할 수 있습니다.

증인으로서 소환을 받으면 반드시 그에 응해야 하고 정당한 사유 없이 응하지 않는 경우 과태료, 감치, 구인 등의 불이익을 받을 수 있습니다. (비록 첫 기일에 재정하지 아니하여 과태료결정을 받더라도 그 다음 기일에 재정하면 결정이 취소되는 경우가 많습니다.) 법정과 같이 공개된 장소에서 자신의 피해사실을 증언하는 것은 사실 쉬운 일이 아닙니다. 또한 자칫하면 가해자를 마주할까 염려하여 더욱 출석이 꺼려지는 것이 당연합니다.

증인으로서 사건에 관하여 진술하는 것은 피해자가 가해자를 처벌하기 위하여 재판에 참여할 수 있는 거의 유일한 방법이며, 오히려 당당히 범죄사실에 관한 증언을 함으로써 삶의 의지를 회복할 수 있는 기회가

될 수 있습니다. 또한 법원은 여러 제도를 통하여 증인으로 출석한 성범
죄자 피해자를 두텁게 보호하고 있으니 너무 걱정하지 말고 출석하는
편이 바람직 할 것입니다. 증인보호제도는 다음 장에서 더욱 구체적으
로 설명 드리겠습니다.

Q21. 성범죄피해자 증인보호제도에는 어떤 것들이 있나요?

법원은 증인으로 출석한 성범죄 피해자를 보호하기 위해서 어떠한 제도를 갖추고 있나요?

형사피고인은 헌법 제27조에 따라 공개재판을 받을 권리가 있습니다. 재판이 공개되어야 재판을 방청하는 사람들로부터 감시를 받게 되어 자연스럽게 재판의 공정성을 담보할 수 있기 때문입니다. 그러나 성범죄 피해자가 증인으로 출석한 재판까지 대중에게 공개된다면 피해자에게 심각한 2차 피해가 발생할 우려가 있습니다.

따라서 법원은 성범죄 사건의 재판은 공개하지 않도록 결정할 수 있고, 실무상 비공개로 이루어지는 경우가 많습니다. 혹시라도 법원이 심리 비공개 결정을 하지 않았다고 하더라도, 증인으로 소환받은 성폭력 피해자는 스스로 증인신문의 비공개를 신청할 수 있습니다.

강간 등 특정 성범죄사건 피해자의 경우 그 피해자의 반대가 없는 한 법원은 피해자와 신뢰관계에 있는 자를 함께 증인으로 출석하게 해야 합니다. 이러한 지원제도를 통해서 피해자는 증언 시 자신에게 힘이 되어주는 사람과 동석할 수 있고, 더욱 용기를 내어 진술할 수 있게 됩니다.

한편 성폭력특별법은 중계장치를 사용하여 분리된 공간에서 피해자를 증인신문할 수 있도록 제도를 마련해 놓았습니다. 그러나 서울중앙지방법원에서 현재 이 시스템의 시설 장비를 갖춘 곳은 단 두 곳뿐으로, 실무상 적극적으로 활용하기에 어려움이 있습니다. 대다수의 경우 가림막을 설치한 후 그 가림막 안에서 피해자가 증언할 수 있도록 돕고 있습니다. 가림막만으로 부족하다고 느끼는 피해자 분들이 많은데, 그 경우 법관에 요청하여 가해자를 퇴정하게 한 다음 피해자를 입장시켜 증언할 수 있도록 하고 있습니다.

이처럼 여러 제도를 통하여 증인으로 출석한 성범죄피해자를 보호하고 있고, 부족한 부분은 빠른 시일 내에 개선하도록 논의가 지속적으로 제기되고 있습니다. 그러니 용기를 내어 증언하고 오시길 바랍니다.

Q22. 증인신문은 어떤 절차로 진행되나요?

증인으로 법정에 출석하기 전에 증인신문 절차가 어떻게 되는지 미리 숙지하고 싶은데, 어떤 방식으로 진행되는지 알려주세요!

증인이 출석하면 재판장은 가장 먼저 신분확인절차를 합니다. 법원에서 부르고자 한 증인이 출석한 사람과 동일한지 체크하는 것입니다. 보통 법정 내의 안전과 질서를 담당하는 법정경위가 주민등록증 등으로 확인을 한 후 재판이 시작되면 법관이 "○○○ 씨가 맞냐"고 물어보게 되고, 이에 맞다는 대답을 하면 됩니다.

그 후 법관은 증인에게 "위증을 할 경우 처벌 받을 수 있다."는 점을 주지시켜줄 것입니다. 간혹 가다가 자신이 혹시라도 상황을 사실과 다르게 잘못 기억하고 있어서 위증죄로 처벌받지 않을까 고민하는 의뢰인이 계십니다.

인간의 기억능력에는 한계가 있기 때문에 증언하는 동안 어떠한 사실을 착각할 수도 있고 자신도 모르게 과장해서 표현할 수도 있는데, 이처럼 기억의 오염은 매우 자연스러운 현상입니다. 이는 판사들도 당연히 인지하고 있기 때문에 단순히 증언을 제대로 하지 못하였다하여 위증죄로 처벌받는 것이 아닙니다.

위증죄는 단순히 증인이 사실과 다른 점을 진술할 때 성립하는 것이 아니라 증인이 고의로 '자신의 기억에 반하는 내용'을 증언할 때 성립합니다. 즉, 객관적 사실이 B라고 하더라도 증인 스스로는 A라고 굳게 믿고 그에 따라 법정에서 A라고 증언하였다면 위증죄로 처벌할 수 없는 것입니다.

증인으로 호명되면 증인석으로 나갑니다. 증인으로서 선서를 하면 증인석에 앉고 그때부터 검사와 피고인의 변호인 및 법관은 증인에게 여러 질문을 하게 될 것입니다. 증인에 대하여 모욕적이거나 중복적인 신문을 하는 것은 원칙적으로 금지되어 있습니다. 특히 성범죄 사건의 경우 성범죄 전담재판부에서 이루어지는 만큼 법관들은 더욱 2차 피해가 발생하지 않도록 유의하기 때문에 검사나 피고인 측에서 피해자인 증인에게 또 다른 상처가 될 수 있는 질문을 하면 제재를 하고 법관들 역시 매우 조심스럽게 질문하니 증언하는 것을 두려워 할 필요가 없습니다. 만약 너무 대답하기 어렵거나 증언이 힘들면 잠시 휴식을 요청할 수도 있습니다.

더 알아보기

증인선서문이란?

증인이 재판장에서 낭독해야 하는 것으로 형사소송법 제157조에 그 내용이 명시되어 있습니다.

"양심에 따라 숨김과 보탬이 없이 사실 그대로 말하고 만일 거짓말이 있으면 위증의 벌을 받기로 맹세합니다." 라고 기재되어 있는데, 증인은 기립하여 엄숙하게 이 선서문을 또박또박 읽은 뒤 알고 기억하는 대로 증언하면 충분합니다.

Q23. 성폭력범죄 가해자에게 손해배상청구를 할 수 있나요?

가해자가 형사소송을 통하여 처벌을 받았다고 하더라도 도저히 제 분노가 가시지 않습니다. 가해자에게 제 신체적·정신적 피해에 대해 손해배상을 청구할 수 있을까요?

네, 물론입니다. 성폭력범죄 피해자는 가해자에게 형사상 배상명령 신청과 민사상 손해배상 청구의 소를 제기할 수 있습니다.

형사소송은 국가와 범죄자와의 관계를 규율하는 것이기 때문에 사적 개인간의 피해보상은 원칙적으로 민사의 영역입니다. 그러나 민사상 손해배상 청구를 하려면 범죄피해자가 원고가 되어 다시 민사법원에 소제기를 해야 하는 번거로움이 있었습니다. 민사소송을 하면 최소 6개월의 시간이 소요되므로 즉각적인 의료조치가 필요한 성폭력 범죄피해자 등은 여러 어려움을 겪기도 했습니다.

그래서 우리법은 형사상 배상신청 제도를 두어 형사소송 절차 안에서 가해자로 하여금 피해자에게 민사상 손해배상 조치를 할 수 있도록 하였습니다. 성폭력 피해자는 제1심 또는 제2심 공판의 변론이 종결될 때까지 사건을 담당하는 법원에 피해배상을 신청함으로써 위 제도의 이용이 가능합니다. 이로써 피해자는 따로 민사소송을 제기해서 별도의 시간과 노력을 들이지 않더라도 간이하게 직접적으로 물적피해(치료비 등)과 정신적 고통으로 인한 손해(위자료) 등의 배상을 청구할 수 있습니다.

한편 피해자의 배상신청이 각하되거나 일부만 인용되더라도 다시금 동일한 내용으로 민사소송을 제기할 수 있으니 각하의 염려가 있더라도 형사배상명령제도를 십분 활용하여 피해를 구제받기 바랍니다.

Q24. 피해자 국선변호사 제도를 누릴 수 있나요?

변호사님의 말씀을 듣다 보니, 변호사와 함께 이 모든 절차를 진행하면 훨씬 수월할 것 같아요. 그런데 제가 사정이 여의치 않은데…, 혹시 저도 국선변호사 제도를 누릴 수 있는 건가요?

성폭력범죄피해자는 성폭력처벌법에 따라 국선변호사를 선정하여 권익을 보호받을 수 있습니다. 범죄피해자는 수사기관이나 성폭력 피해상담소 등에 피해 사실을 신고함과 동시에 국선변호사 지원을 요청할 수 있습니다. 국가에서 선정된 국선변호사는 수사단계부터 재판에 이르기까지 전 과정에 걸쳐 피해자를 위한 법률 지원을 해 줄 것입니다.

변호사가 선임된다면 고소장에 범죄사실을 기재할 때 보다 정확하게 구성요건과 피해 사실을 작성할 수 있고 수사기관에 출석하여 피해자로서 조사를 받고 진술하는 동안에도 변호인의 조력을 받을 수도 있습니다. 재판단계에서도 번거롭게 직접 재판에 출석하지 않아도 변호사를 통하여 피해자의 목소리를 낼 수 있습니다. 또한 변호사는 양형에 영향을 끼치는 자료가 무엇인지 잘 알기 때문에 그러한 자료들을 제출하여 가해자에게 적정한 처벌이 이루어질 수 있도록 노력합니다. 무엇보다도 변호사를 통하여 상대 가해자와 연락을 취할 수 있게 되므로 가해자와 직접적인 접촉을 피할 수 있다는 장점이 있습니다.

한편 '피해자 국선변호사 제도'는 고령이나 저소득층 등 일정한 요건을 갖춰 피고인을 변호하는 '국선변호인 제도'와는 다른 것입니다. 국선변호인은 재판의 당사자를 대리하여 적극적으로 소송을 수행할 수 있지만 피해자 국선변호사는 원칙적으로 소송의 당사자가 아닌 피해자를 보호하기 때문에 그 역할이 다소 제한될 수도 있습니다.

이따금 국선변호사는 과도한 업무량 때문에 모든 사건에 집중하기 어렵다는 평가를 받기도 합니다. 그렇다고 하더라도 혼자 소송에 임하는 것보다는 법률전문가의 조력을 받는 편이 훨씬 유리하니 국선변호사 제도를 적극 이용하기를 추천 드립니다.

Q25. 그 밖의 성폭력피해자 보호지원제도에는 무엇이 있나요?

피해자 국선변호사제도를 통하여 법률지원을 받을 수 있겠군요. 그 밖의 성폭력 피해자를 위한 다른 보호지원제도는 없나요?

법률지원 이외의 지원으로는 먼저 의료지원이 있습니다. 병원 중에는 성폭력피해자의 치료를 위한 전담의료기관으로 지정된 곳들이 있는데요, 성폭력 피해자가 요청하면 해당 기관으로부터 진료지원을 받을수 있습니다. 이곳에서 피해자는 성폭력피해로 인한 성병 감염여부를 검사할 수 있음은 물론 피해자는 정신적으로 큰 충격을 입었을 테니 전문적인 상담으로 심리안정을 돕고, 필요한 경우 낙태 등의 수술도 가능합니다.

전담의료기관 이외의 곳에서 진료를 받더라도 치료에 든 비용을 환급받을 수 있습니다. 진료비 영수증과 성폭력피해 상담사실 확인서 등을 첨부하여 해바라기센터와 같은 성폭력피해자 지원기관에 의료비를 청구한 후 인정되는 범위에서 환급을 받을 수 있습니다.

여성가족부는 주거지원사업 역시 시행하고 있습니다. 성폭력 피해여성 및 동반가족의 자립을 돕고 사회로의 빠른 회복을 위하여 성폭력 피해여성에게 공동생활가정과 국민임대주택의 우선입주권을 제공하고 있습니다. 세부적인 요건은 매년 달라질 수 있으니 "여성·아동권익증진사업 운영지침" 등에서 확인하기 바랍니다.

형법 초록

형사소송법 초록

성폭력범죄의 처벌 등에 관한 특례법

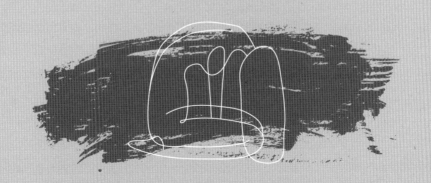

형법 초록

제32장 강간과 추행의 죄

제297조(강간) 폭행 또는 협박으로 사람을 강간한 자는 3년 이상의 유기징역에
처한다.

제297조의2(유사강간) 폭행 또는 협박으로 사람에 대하여 구강, 항문 등 신체
(성기는 제외한다)의 내부에 성기를 넣거나 성기, 항문에 손가락 등 신체(성기
는 제외한다)의 일부 또는 도구를 넣는 행위를 한 사람은 2년 이상의 유기징
역에 처한다.

제298조(강제추행) 폭행 또는 협박으로 사람에 대하여 추행을 한 자는 10년 이
하의 징역 또는 1천500만원 이하의 벌금에 처한다.

제299조(준강간, 준강제추행) 사람의 심신상실 또는 항거불능의 상태를 이용하
여 간음 또는 추행을 한 자는 제297조, 제297조의2 및 제298조의 예에 의
한다.

제300조(미수범) 제297조, 제297조의2, 제298조 및 제299조의 미수범은 처벌
한다.

제301조(강간 등 상해·치상) 제297조, 제297조의2 및 제298조부터 제300조까
지의 죄를 범한 자가 사람을 상해하거나 상해에 이르게 한 때에는 무기 또는
5년 이상의 징역에 처한다.

제301조의2(강간등 살인 · 치사) 제297조, 제297조의2 및 제298조부터 제300조
까지의 죄를 범한 자가 사람을 살해한 때에는 사형 또는 무기징역에 처한다.
사망에 이르게 한 때에는 무기 또는 10년 이상의 징역에 처한다.

제302조(미성년자 등에 대한 간음) 미성년자 또는 심신미약자에 대하여 위계 또
는 위력으로써 간음 또는 추행을 한 자는 5년 이하의 징역에 처한다.

제303조(업무상위력 등에 의한 간음) ① 업무, 고용 기타 관계로 인하여 자기의
보호 또는 감독을 받는 사람에 대하여 위계 또는 위력으로써 간음한 자는 7년
이하의 징역 또는 3천만원 이하의 벌금에 처한다.
② 법률에 의하여 구금된 사람을 감호하는 자가 그 사람을 간음한 때에는 10
년 이하의 징역에 처한다.

제304조 삭제

제305조(미성년자에 대한 간음, 추행) ① 13세 미만의 사람에 대하여 간음 또는
추행을 한 자는 제297조, 제297조의2, 제298조, 제301조 또는 제301조의2의
예에 의한다.
② 13세 이상 16세 미만의 사람에 대하여 간음 또는 추행을 한 19세 이상의
자는 제297조, 제297조의2, 제298조, 제301조 또는 제301조의2의 예에 의
한다.

제305조의2(상습범) 상습으로 제297조, 제297조의2, 제298조부터 제300조까지,
제302조, 제303조 또는 제305조의 죄를 범한 자는 그 죄에 정한 형의 2분의
1까지 가중한다.

제305조의3(예비, 음모) 제297조, 제297조의2, 제299조(준강간죄에 한정한다),

제301조(강간 등 상해죄에 한정한다) 및 제305조의 죄를 범할 목적으로 예비 또는 음모한 사람은 3년 이하의 징역에 처한다.

제306조 삭제

형사소송법 초록

고소·고발 관련

제223조(고소권자) 범죄로 인한 피해자는 고소할 수 있다.

제224조(고소의 제한) 자기 또는 배우자의 직계존속을 고소하지 못한다.

제225조(비피해자인 고소권자) ① 피해자의 법정대리인은 독립하여 고소할 수 있다.
② 피해자가 사망한 때에는 그 배우자, 직계친족 또는 형제자매는 고소할 수 있다. 단, 피해자의 명시한 의사에 반하지 못한다.

제226조(동전) 피해자의 법정대리인이 피의자이거나 법정대리인의 친족이 피의자인 때에는 피해자의 친족은 독립하여 고소할 수 있다.

제227조(동전) 사자의 명예를 훼손한 범죄에 대하여는 그 친족 또는 자손은 고소할 수 있다.

제228조(고소권자의 지정) 친고죄에 대하여 고소할 자가 없는 경우에 이해관계인의 신청이 있으면 검사는 10일 이내에 고소할 수 있는 자를 지정하여야 한다.

제229조(배우자의 고소) ① 「형법」 제241조의 경우에는 혼인이 해소되거나 이혼소송을 제기한 후가 아니면 고소할 수 없다.
② 전항의 경우에 다시 혼인을 하거나 이혼소송을 취하한 때에는 고소는 취소된 것으로 간주한다.

제230조(고소기간) ① 친고죄에 대하여는 범인을 알게 된 날로부터 6월을 경과하면 고소하지 못한다. 단, 고소할 수 없는 불가항력의 사유가 있는 때에는 그 사유가 없어진 날로부터 기산한다.

② 삭제

제231조(수인의 고소권자) 고소할 수 있는 자가 수인인 경우에는 1인의 기간의 해태는 타인의 고소에 영향이 없다.

제232조(고소의 취소) ① 고소는 제1심 판결선고 전까지 취소할 수 있다.

② 고소를 취소한 자는 다시 고소할 수 없다.

③ 피해자의 명시한 의사에 반하여 공소를 제기할 수 없는 사건에서 처벌을 원하는 의사표시를 철회한 경우에도 제1항과 제2항을 준용한다.

제233조(고소의 불가분) 친고죄의 공범 중 그 1인 또는 수인에 대한 고소 또는 그 취소는 다른 공범자에 대하여도 효력이 있다.

제234조(고발) ① 누구든지 범죄가 있다고 사료하는 때에는 고발할 수 있다.

② 공무원은 그 직무를 행함에 있어 범죄가 있다고 사료하는 때에는 고발하여야 한다.

제235조(고발의 제한) 제224조의 규정은 고발에 준용한다.

제236조(대리고소) 고소 또는 그 취소는 대리인으로 하여금하게 할 수 있다.

제237조(고소, 고발의 방식) ① 고소 또는 고발은 서면 또는 구술로써 검사 또는 는 사법경찰관에게 하여야 한다.

② 검사 또는 사법경찰관이 구술에 의한 고소 또는 고발을 받은 때에는 조서

를 작성하여야 한다.

제238조(고소, 고발과 사법경찰관의 조치) 사법경찰관이 고소 또는 고발을 받은 때에는 신속히 조사하여 관계서류와 증거물을 검사에게 송부하여야 한다.

제239조(준용규정) 전2조의 규정은 고소 또는 고발의 취소에 관하여 준용한다.

제245조의5(사법경찰관의 사건송치 등) 사법경찰관은 고소·고발 사건을 포함하여 범죄를 수사한 때에는 다음 각 호의 구분에 따른다.
1. 범죄의 혐의가 있다고 인정되는 경우에는 지체 없이 검사에게 사건을 송치하고, 관계 서류와 증거물을 검사에게 송부하여야 한다.
2. 그 밖의 경우에는 그 이유를 명시한 서면과 함께 관계 서류와 증거물을 지체 없이 검사에게 송부하여야 한다. 이 경우 검사는 송부받은 날부터 90일 이내에 사법경찰관에게 반환하여야 한다.

제245조의6(고소인 등에 대한 송부통지) 사법경찰관은 제245조의5제2호의 경우에는 그 송부한 날부터 7일 이내에 서면으로 고소인·고발인·피해자 또는 그 법정대리인(피해자가 사망한 경우에는 그 배우자·직계친족·형제자매를 포함한다)에게 사건을 검사에게 송치하지 아니하는 취지와 그 이유를 통지하여야 한다.

제245조의7(고소인 등의 이의신청) ① 제245조의6의 통지를 받은 사람은 해당 사법경찰관의 소속 관서의 장에게 이의를 신청할 수 있다.

제257조(고소등에 의한 사건의 처리) 검사가 고소 또는 고발에 의하여 범죄를 수사할 때에는 고소 또는 고발을 수리한 날로부터 3월 이내에 수사를 완료하여 공소제기여부를 결정하여야 한다.

제258조(고소인등에의 처분고지) ① 검사는 고소 또는 고발있는 사건에 관하여 공소를 제기하거나 제기하지 아니하는 처분, 공소의 취소 또는 제256조의 송치를 한 때에는 그 처분한 날로부터 7일 이내에 서면으로 고소인 또는 고발인에게 그 취지를 통지하여야 한다.

② 검사는 불기소 또는 제256조의 처분을 한 때에는 피의자에게 즉시 그 취지를 통지하여야 한다.

제259조(고소인등에의 공소불제기이유고지) 검사는 고소 또는 고발있는 사건에 관하여 공소를 제기하지 아니하는 처분을 한 경우에 고소인 또는 고발인의 청구가 있는 때에는 7일 이내에 고소인 또는 고발인에게 그 이유를 서면으로 설명하여야 한다.

제259조의2(피해자 등에 대한 통지) 검사는 범죄로 인한 피해자 또는 그 법정대리인(피해자가 사망한 경우에는 그 배우자·직계친족·형제자매를 포함한다)의 신청이 있는 때에는 당해 사건의 공소제기여부, 공판의 일시·장소, 재판결과, 피의자·피고인의 구속·석방 등 구금에 관한 사실 등을 신속하게 통지하여야 한다.

체포·구속 관련

제200조(피의자의 출석요구) 검사 또는 사법경찰관은 수사에 필요한 때에는 피의자의 출석을 요구하여 진술을 들을 수 있다.

제200조의2(영장에 의한 체포) ① 피의자가 죄를 범하였다고 의심할 만한 상당한 이유가 있고, 정당한 이유없이 제200조의 규정에 의한 출석요구에 응하지 아니하거나 응하지 아니할 우려가 있는 때에는 검사는 관할 지방법원판사에게

청구하여 체포영장을 발부받아 피의자를 체포할 수 있고, 사법경찰관은 검사에게 신청하여 검사의 청구로 관할지방법원판사의 체포영장을 발부받아 피의자를 체포할 수 있다. 다만, 다액 50만원이하의 벌금, 구류 또는 과료에 해당하는 사건에 관하여는 피의자가 일정한 주거가 없는 경우 또는 정당한 이유없이 제200조의 규정에 의한 출석요구에 응하지 아니한 경우에 한한다.

② 제1항의 청구를 받은 지방법원판사는 상당하다고 인정할 때에는 체포영장을 발부한다. 다만, 명백히 체포의 필요가 인정되지 아니하는 경우에는 그러하지 아니하다.

③ 제1항의 청구를 받은 지방법원판사가 체포영장을 발부하지 아니할 때에는 청구서에 그 취지 및 이유를 기재하고 서명날인하여 청구한 검사에게 교부한다.

④ 검사가 제1항의 청구를 함에 있어서 동일한 범죄사실에 관하여 그 피의자에 대하여 전에 체포영장을 청구하였거나 발부받은 사실이 있는 때에는 다시 체포영장을 청구하는 취지 및 이유를 기재하여야 한다.

⑤ 체포한 피의자를 구속하고자 할 때에는 체포한 때부터 48시간이내에 제201조의 규정에 의하여 구속영장을 청구하여야 하고, 그 기간내에 구속영장을 청구하지 아니하는 때에는 피의자를 즉시 석방하여야 한다.

제200조의3(긴급체포) ① 검사 또는 사법경찰관은 피의자가 사형·무기 또는 장기 3년이상의 징역이나 금고에 해당하는 죄를 범하였다고 의심할 만한 상당한 이유가 있고, 다음 각 호의 어느 하나에 해당하는 사유가 있는 경우에 긴급을 요하여 지방법원판사의 체포영장을 받을 수 없는 때에는 그 사유를 알리고 영장없이 피의자를 체포할 수 있다. 이 경우 긴급을 요한다 함은 피의자를 우연히 발견한 경우등과 같이 체포영장을 받을 시간적 여유가 없는 때를 말한다.

1. 피의자가 증거를 인멸할 염려가 있는 때
2. 피의자가 도망하거나 도망할 우려가 있는 때

② 사법경찰관이 제1항의 규정에 의하여 피의자를 체포한 경우에는 즉시 검사의 승인을 얻어야 한다.

③ 검사 또는 사법경찰관은 제1항의 규정에 의하여 피의자를 체포한 경우에는 즉시 긴급체포서를 작성하여야 한다.

④ 제3항의 규정에 의한 긴급체포서에는 범죄사실의 요지, 긴급체포의 사유등을 기재하여야 한다.

제200조의4(긴급체포와 영장청구기간) ① 검사 또는 사법경찰관이 제200조의3의 규정에 의하여 피의자를 체포한 경우 피의자를 구속하고자 할 때에는 지체없이 검사는 관할지방법원판사에게 구속영장을 청구하여야 하고, 사법경찰관은 검사에게 신청하여 검사의 청구로 관할지방법원판사에게 구속영장을 청구하여야 한다. 이 경우 구속영장은 피의자를 체포한 때부터 48시간 이내에 청구하여야 하며, 제200조의3제3항에 따른 긴급체포서를 첨부하여야 한다.

② 제1항의 규정에 의하여 구속영장을 청구하지 아니하거나 발부받지 못한 때에는 피의자를 즉시 석방하여야 한다.

③ 제2항의 규정에 의하여 석방된 자는 영장없이는 동일한 범죄사실에 관하여 체포하지 못한다.

④ 검사는 제1항에 따른 구속영장을 청구하지 아니하고 피의자를 석방한 경우에는 석방한 날부터 30일 이내에 서면으로 다음 각 호의 사항을 법원에 통지하여야 한다. 이 경우 긴급체포서의 사본을 첨부하여야 한다.

1. 긴급체포 후 석방된 자의 인적사항

2. 긴급체포의 일시·장소와 긴급체포하게 된 구체적 이유

3. 석방의 일시·장소 및 사유

4. 긴급체포 및 석방한 검사 또는 사법경찰관의 성명

⑤ 긴급체포 후 석방된 자 또는 그 변호인·법정대리인·배우자·직계친족·형제자매는 통지서 및 관련 서류를 열람하거나 등사할 수 있다.

⑥ 사법경찰관은 긴급체포한 피의자에 대하여 구속영장을 신청하지 아니하고

석방한 경우에는 즉시 검사에게 보고하여야 한다.

제200조의5(체포와 피의사실 등의 고지) 검사 또는 사법경찰관은 피의자를 체포하는 경우에는 피의사실의 요지, 체포의 이유와 변호인을 선임할 수 있음을 말하고 변명할 기회를 주어야 한다.

제200조의6(준용규정) 제75조, 제81조제1항 본문 및 제3항, 제82조, 제83조, 제85조제1항·제3항 및 제4항, 제86조, 제87조, 제89조부터 제91조까지, 제93조, 제101조제4항 및 제102조제2항 단서의 규정은 검사 또는 사법경찰관이 피의자를 체포하는 경우에 이를 준용한다. 이 경우 "구속"은 이를 "체포"로, "구속영장"은 이를 "체포영장"으로 본다.

제201조(구속) ① 피의자가 죄를 범하였다고 의심할 만한 상당한 이유가 있고 제70조제1항 각 호의 1에 해당하는 사유가 있을 때에는 검사는 관할지방법원판사에게 청구하여 구속영장을 받아 피의자를 구속할 수 있고 사법경찰관은 검사에게 신청하여 검사의 청구로 관할지방법원판사의 구속영장을 받아 피의자를 구속할 수 있다. 다만, 다액 50만원이하의 벌금, 구류 또는 과료에 해당하는 범죄에 관하여는 피의자가 일정한 주거가 없는 경우에 한한다.
② 구속영장의 청구에는 구속의 필요를 인정할 수 있는 자료를 제출하여야 한다.
③ 제1항의 청구를 받은 지방법원판사는 신속히 구속영장의 발부여부를 결정하여야 한다.
④ 제1항의 청구를 받은 지방법원판사는 상당하다고 인정할 때에는 구속영장을 발부한다. 이를 발부하지 아니할 때에는 청구서에 그 취지 및 이유를 기재하고 서명날인하여 청구한 검사에게 교부한다.
⑤ 검사가 제1항의 청구를 함에 있어서 동일한 범죄사실에 관하여 그 피의자에 대하여 전에 구속영장을 청구하거나 발부받은 사실이 있을 때에는 다시 구

속영장을 청구하는 취지 및 이유를 기재하여야 한다.

제201조의2(구속영장 청구와 피의자 심문) ① 제200조의2·제200조의3 또는 제
212조에 따라 체포된 피의자에 대하여 구속영장을 청구받은 판사는 지체 없
이 피의자를 심문하여야 한다. 이 경우 특별한 사정이 없는 한 구속영장이 청
구된 날의 다음날까지 심문하여야 한다.

② 제1항 외의 피의자에 대하여 구속영장을 청구받은 판사는 피의자가 죄를
범하였다고 의심할 만한 이유가 있는 경우에 구인을 위한 구속영장을 발부하
여 피의자를 구인한 후 심문하여야 한다. 다만, 피의자가 도망하는 등의 사유
로 심문할 수 없는 경우에는 그러하지 아니하다.

③ 판사는 제1항의 경우에는 즉시, 제2항의 경우에는 피의자를 인치한 후 즉
시 검사, 피의자 및 변호인에게 심문기일과 장소를 통지하여야 한다. 이 경
우 검사는 피의자가 체포되어 있는 때에는 심문기일에 피의자를 출석시켜야
한다.

④ 검사와 변호인은 제3항에 따른 심문기일에 출석하여 의견을 진술할 수
있다.

⑤ 판사는 제1항 또는 제2항에 따라 심문하는 때에는 공범의 분리심문이나 그
밖에 수사상의 비밀보호를 위하여 필요한 조치를 하여야 한다.

⑥ 제1항 또는 제2항에 따라 피의자를 심문하는 경우 법원사무관등은 심문의
요지 등을 조서로 작성하여야 한다.

⑦ 피의자심문을 하는 경우 법원이 구속영장청구서·수사 관계 서류 및 증거
물을 접수한 날부터 구속영장을 발부하여 검찰청에 반환한 날까지의 기간은
제202조 및 제203조의 적용에 있어서 그 구속기간에 이를 산입하지 아니한다.

⑧ 심문할 피의자에게 변호인이 없는 때에는 지방법원판사는 직권으로 변호인
을 선정하여야 한다. 이 경우 변호인의 선정은 피의자에 대한 구속영장 청구
가 기각되어 효력이 소멸한 경우를 제외하고는 제1심까지 효력이 있다.

⑨ 법원은 변호인의 사정이나 그 밖의 사유로 변호인 선정결정이 취소되어 변

호인이 없게 된 때에는 직권으로 변호인을 다시 선정할 수 있다.

⑩ 제71조, 제71조의2, 제75조, 제81조부터 제83조까지, 제85조제1항·제3항·제4항, 제86조, 제87조제1항, 제89조부터 제91조까지 및 제200조의5는 제2항에 따라 구인을 하는 경우에 준용하고, 제48조, 제51조, 제53조, 제56조의2 및 제276조의2는 피의자에 대한 심문의 경우에 준용한다.

제202조(사법경찰관의 구속기간) 사법경찰관이 피의자를 구속한 때에는 10일 이내에 피의자를 검사에게 인치하지 아니하면 석방하여야 한다.

제203조(검사의 구속기간) 검사가 피의자를 구속한 때 또는 사법경찰관으로부터 피의자의 인치를 받은 때에는 10일 이내에 공소를 제기하지 아니하면 석방하여야 한다.

제203조의2(구속기간에의 산입) 피의자가 제200조의2·제200조의3·제201조의2 제2항 또는 제212조의 규정에 의하여 체포 또는 구인된 경우에는 제202조 또는 제203조의 구속기간은 피의자를 체포 또는 구인한 날부터 기산한다.

제204조(영장발부와 법원에 대한 통지) 체포영장 또는 구속영장의 발부를 받은 후 피의자를 체포 또는 구속하지 아니하거나 체포 또는 구속한 피의자를 석방한 때에는 지체없이 검사는 영장을 발부한 법원에 그 사유를 서면으로 통지하여야 한다.

제205조(구속기간의 연장) ① 지방법원판사는 검사의 신청에 의하여 수사를 계속함에 상당한 이유가 있다고 인정한 때에는 10일을 초과하지 아니하는 한도에서 제203조의 구속기간의 연장을 1차에 한하여 허가할 수 있다.

② 전항의 신청에는 구속기간의 연장의 필요를 인정할 수 있는 자료를 제출하여야 한다.

제206조 삭제

제207조 삭제

제208조(재구속의 제한) ① 검사 또는 사법경찰관에 의하여 구속되었다가 석방된 자는 다른 중요한 증거를 발견한 경우를 제외하고는 동일한 범죄사실에 관하여 재차 구속하지 못한다.
② 전항의 경우에는 1개의 목적을 위하여 동시 또는 수단결과의 관계에서 행하여진 행위는 동일한 범죄사실로 간주한다.

제209조(준용규정) 제70조제2항, 제71조, 제75조, 제81조제1항 본문·제3항, 제82조, 제83조, 제85조부터 제87조까지, 제89조부터 제91조까지, 제93조, 제101조제1항, 제102조제2항 본문(보석의 취소에 관한 부분은 제외한다) 및 제200조의5는 검사 또는 사법경찰관의 피의자 구속에 관하여 준용한다.

제210조(사법경찰관리의 관할구역 외의 수사) 사법경찰관리가 관할구역 외에서 수사하거나 관할구역 외의 사법경찰관리의 촉탁을 받아 수사할 때에는 관할지방검찰청 검사장 또는 지청장에게 보고하여야 한다. 다만, 제200조의3, 제212조, 제214조, 제216조와 제217조의 규정에 의한 수사를 하는 경우에 긴급을 요할 때에는 사후에 보고할 수 있다.

제211조(현행범인과 준현행범인) ① 범죄를 실행하고 있거나 실행하고 난 직후의 사람을 현행범인이라 한다.
② 다음 각 호의 어느 하나에 해당하는 사람은 현행범인으로 본다.
1. 범인으로 불리며 추적되고 있을 때
2. 장물이나 범죄에 사용되었다고 인정하기에 충분한 흉기나 그 밖의 물건을 소지하고 있을 때

3. 신체나 의복류에 증거가 될 만한 뚜렷한 흔적이 있을 때

4. 누구냐고 묻자 도망하려고 할 때

제212조(현행범인의 체포) 현행범인은 누구든지 영장없이 체포할 수 있다.

제212조의2 삭제

제213조(체포된 현행범인의 인도) ① 검사 또는 사법경찰관리 아닌 자가 현행범인을 체포한 때에는 즉시 검사 또는 사법경찰관리에게 인도하여야 한다.

② 사법경찰관리가 현행범인의 인도를 받은 때에는 체포자의 성명, 주거, 체포의 사유를 물어야 하고 필요한 때에는 체포자에 대하여 경찰관서에 동행함을 요구할 수 있다.

③ 삭제

제213조의2(준용규정) 제87조, 제89조, 제90조, 제200조의2제5항 및 제200조의5의 규정은 검사 또는 사법경찰관리가 현행범인을 체포하거나 현행범인을 인도받은 경우에 이를 준용한다.

제214조(경미사건과 현행범인의 체포) 다액 50만원이하의 벌금, 구류 또는 과료에 해당하는 죄의 현행범인에 대하여는 범인의 주거가 분명하지 아니한 때에 한하여 제212조 내지 제213조의 규정을 적용한다.

제214조의2(체포와 구속의 적부심사) ① 체포되거나 구속된 피의자 또는 그 변호인, 법정대리인, 배우자, 직계친족, 형제자매나 가족, 동거인 또는 고용주는 관할법원에 체포 또는 구속의 적부심사(適否審査)를 청구할 수 있다.

② 피의자를 체포하거나 구속한 검사 또는 사법경찰관은 체포되거나 구속된 피의자와 제1항에 규정된 사람 중에서 피의자가 지정하는 사람에게 제1항에

따른 적부심사를 청구할 수 있음을 알려야 한다.

③ 법원은 제1항에 따른 청구가 다음 각 호의 어느 하나에 해당하는 때에는 제4항에 따른 심문 없이 결정으로 청구를 기각할 수 있다.

1. 청구권자 아닌 사람이 청구하거나 동일한 체포영장 또는 구속영장의 발부에 대하여 재청구한 때

2. 공범이나 공동피의자의 순차청구(順次請求)가 수사 방해를 목적으로 하고 있음이 명백한 때

④ 제1항의 청구를 받은 법원은 청구서가 접수된 때부터 48시간 이내에 체포되거나 구속된 피의자를 심문하고 수사 관계 서류와 증거물을 조사하여 그 청구가 이유 없다고 인정한 경우에는 결정으로 기각하고, 이유 있다고 인정한 경우에는 결정으로 체포되거나 구속된 피의자의 석방을 명하여야 한다. 심사청구 후 피의자에 대하여 공소제기가 있는 경우에도 또한 같다.

⑤ 법원은 구속된 피의자(심사청구 후 공소제기된 사람을 포함한다)에 대하여 피의자의 출석을 보증할 만한 보증금의 납입을 조건으로 하여 결정으로 제4항의 석방을 명할 수 있다. 다만, 다음 각 호에 해당하는 경우에는 그러하지 아니하다.

1. 범죄의 증거를 인멸할 염려가 있다고 믿을 만한 충분한 이유가 있는 때

2. 피해자, 당해 사건의 재판에 필요한 사실을 알고 있다고 인정되는 사람 또는 그 친족의 생명·신체나 재산에 해를 가하거나 가할 염려가 있다고 믿을 만한 충분한 이유가 있는 때

⑥ 제5항의 석방 결정을 하는 경우에는 주거의 제한, 법원 또는 검사가 지정하는 일시·장소에 출석할 의무, 그 밖의 적당한 조건을 부가할 수 있다.

⑦ 제5항에 따라 보증금 납입을 조건으로 석방을 하는 경우에는 제99조와 제100조를 준용한다.

⑧ 제3항과 제4항의 결정에 대해서는 항고할 수 없다.

⑨ 검사·변호인·청구인은 제4항의 심문기일에 출석하여 의견을 진술할 수 있다.

⑩ 체포되거나 구속된 피의자에게 변호인이 없는 때에는 제33조를 준용한다.

⑪ 법원은 제4항의 심문을 하는 경우 공범의 분리심문이나 그 밖에 수사상의 비밀보호를 위한 적절한 조치를 하여야 한다.

⑫ 체포영장이나 구속영장을 발부한 법관은 제4항부터 제6항까지의 심문·조사·결정에 관여할 수 없다. 다만, 체포영장이나 구속영장을 발부한 법관 외에는 심문·조사·결정을 할 판사가 없는 경우에는 그러하지 아니하다.

⑬ 법원이 수사 관계 서류와 증거물을 접수한 때부터 결정 후 검찰청에 반환된 때까지의 기간은 제200조의2제5항(제213조의2에 따라 준용되는 경우를 포함한다) 및 제200조의4제1항을 적용할 때에는 그 제한기간에 산입하지 아니하고, 제202조·제203조 및 제205조를 적용할 때에는 그 구속기간에 산입하지 아니한다.

⑭ 제4항에 따라 피의자를 심문하는 경우에는 제201조의2제6항을 준용한다.

압수·수색 관련

제215조(압수, 수색, 검증) ① 검사는 범죄수사에 필요한 때에는 피의자가 죄를 범하였다고 의심할 만한 정황이 있고 해당 사건과 관계가 있다고 인정할 수 있는 것에 한정하여 지방법원판사에게 청구하여 발부받은 영장에 의하여 압수, 수색 또는 검증을 할 수 있다.

② 사법경찰관이 범죄수사에 필요한 때에는 피의자가 죄를 범하였다고 의심할 만한 정황이 있고 해당 사건과 관계가 있다고 인정할 수 있는 것에 한정하여 검사에게 신청하여 검사의 청구로 지방법원판사가 발부한 영장에 의하여 압수, 수색 또는 검증을 할 수 있다.

제216조(영장에 의하지 아니한 강제처분) ① 검사 또는 사법경찰관은 제200조의2·제200조의3·제201조 또는 제212조의 규정에 의하여 피의자를 체포 또는

구속하는 경우에 필요한 때에는 영장없이 다음 처분을 할 수 있다.

1. 타인의 주거나 타인이 간수하는 가옥, 건조물, 항공기, 선차 내에서의 피의자 수색. 다만, 제200조의2 또는 제201조에 따라 피의자를 체포 또는 구속하는 경우의 피의자 수색은 미리 수색영장을 발부받기 어려운 긴급한 사정이 있는 때에 한정한다.

2. 체포현장에서의 압수, 수색, 검증

② 전항 제2호의 규정은 검사 또는 사법경찰관이 피고인에 대한 구속영장의 집행의 경우에 준용한다.

③ 범행 중 또는 범행직후의 범죄 장소에서 긴급을 요하여 법원판사의 영장을 받을 수 없는 때에는 영장없이 압수, 수색 또는 검증을 할 수 있다. 이 경우에는 사후에 지체없이 영장을 받아야 한다.

제217조(영장에 의하지 아니하는 강제처분) ① 검사 또는 사법경찰관은 제200조의3에 따라 체포된 자가 소유·소지 또는 보관하는 물건에 대하여 긴급히 압수할 필요가 있는 경우에는 체포한 때부터 24시간 이내에 한하여 영장 없이 압수·수색 또는 검증을 할 수 있다.

② 검사 또는 사법경찰관은 제1항 또는 제216조제1항제2호에 따라 압수한 물건을 계속 압수할 필요가 있는 경우에는 지체 없이 압수수색영장을 청구하여야 한다. 이 경우 압수수색영장의 청구는 체포한 때부터 48시간 이내에 하여야 한다.

③ 검사 또는 사법경찰관은 제2항에 따라 청구한 압수수색영장을 발부받지 못한 때에는 압수한 물건을 즉시 반환하여야 한다.

제218조(영장에 의하지 아니한 압수) 검사, 사법경찰관은 피의자 기타인의 유류한 물건이나 소유자, 소지자 또는 보관자가 임의로 제출한 물건을 영장없이 압수할 수 있다.

제218조의2(압수물의 환부, 가환부) ① 검사는 사본을 확보한 경우 등 압수를 계속할 필요가 없다고 인정되는 압수물 및 증거에 사용할 압수물에 대하여 공소제기 전이라도 소유자, 소지자, 보관자 또는 제출인의 청구가 있는 때에는 환부 또는 가환부하여야 한다.

② 제1항의 청구에 대하여 검사가 이를 거부하는 경우에는 신청인은 해당 검사의 소속 검찰청에 대응한 법원에 압수물의 환부 또는 가환부 결정을 청구할 수 있다.

③ 제2항의 청구에 대하여 법원이 환부 또는 가환부를 결정하면 검사는 신청인에게 압수물을 환부 또는 가환부하여야 한다.

④ 사법경찰관의 환부 또는 가환부 처분에 관하여는 제1항부터 제3항까지의 규정을 준용한다. 이 경우 사법경찰관은 검사의 지휘를 받아야 한다.

제219조(준용규정) 제106조, 제107조, 제109조 내지 제112조, 제114조, 제115조 제1항 본문, 제2항, 제118조부터 제132조까지, 제134조, 제135조, 제140조, 제141조, 제333조제2항, 제486조의 규정은 검사 또는 사법경찰관의 본장의 규정에 의한 압수, 수색 또는 검증에 준용한다. 단, 사법경찰관이 제130조, 제132조 및 제134조에 따른 처분을 함에는 검사의 지휘를 받아야 한다.

제220조(요급처분) 제216조의 규정에 의한 처분을 하는 경우에 급속을 요하는 때에는 제123조제2항, 제125조의 규정에 의함을 요하지 아니한다.

성폭력범죄의 처벌 등에 관한 특례법
(약칭: 성폭력처벌법)

제1장 총칙

제1조(목적) 이 법은 성폭력범죄의 처벌 및 그 절차에 관한 특례를 규정함으로써 성폭력범죄 피해자의 생명과 신체의 안전을 보장하고 건강한 사회질서의 확립에 이바지함을 목적으로 한다.

제2조(정의) ① 이 법에서 "성폭력범죄"란 다음 각 호의 어느 하나에 해당하는 죄를 말한다.

1. 「형법」 제2편제22장 성풍속에 관한 죄 중 제242조(음행매개), 제243조(음화반포등), 제244조(음화제조등) 및 제245조(공연음란)의 죄

2. 「형법」 제2편제31장 약취(略取), 유인(誘引) 및 인신매매의 죄 중 추행, 간음 또는 성매매와 성적 착취를 목적으로 범한 제288조 또는 추행, 간음 또는 성매매와 성적 착취를 목적으로 범한 제289조, 제290조(추행, 간음 또는 성매매와 성적 착취를 목적으로 제288조 또는 추행, 간음 또는 성매매와 성적 착취를 목적으로 제289조의 죄를 범하여 약취, 유인, 매매된 사람을 상해하거나 상해에 이르게 한 경우에 한정한다), 제291조(추행, 간음 또는 성매매와 성적 착취를 목적으로 제288조 또는 추행, 간음 또는 성매매와 성적 착취를 목적으로 제289조의 죄를 범하여 약취, 유인, 매매된 사람을 살해하거나 사망에 이르게 한 경우에 한정한다), 제292조[추행, 간음 또는 성매매와 성적 착취를 목적으로 한 제288조 또는 추행, 간음 또는 성매매와 성적 착취를 목적으로 한 제289조의 죄로 약취, 유인, 매매된 사람을 수수(授受) 또는 은닉한 죄, 추행, 간음 또는 성매매와 성적 착취를 목적으로 한 제288조 또는 추행, 간음 또는 성매매와 성적 착취를 목적으로 한 제289조의 죄

를 범할 목적으로 사람을 모집, 운송, 전달한 경우에 한정한다] 및 제294조(추행, 간음 또는 성매매와 성적 착취를 목적으로 범한 제288조의 미수범 또는 추행, 간음 또는 성매매와 성적 착취를 목적으로 범한 제289조의 미수범, 추행, 간음 또는 성매매와 성적 착취를 목적으로 제288조 또는 추행, 간음 또는 성매매와 성적 착취를 목적으로 제289조의 죄를 범하여 발생한 제290조제1항의 미수범 또는 추행, 간음 또는 성매매와 성적 착취를 목적으로 제288조 또는 추행, 간음 또는 성매매와 성적 착취를 목적으로 제289조의 죄를 범하여 발생한 제291조제1항의 미수범 및 제292조제1항의 미수범 중 추행, 간음 또는 성매매와 성적 착취를 목적으로 약취, 유인, 매매된 사람을 수수, 은닉한 죄의 미수범으로 한정한다)의 죄

3. 「형법」 제2편제32장 강간과 추행의 죄 중 제297조(강간), 제297조의2(유사강간), 제298조(강제추행), 제299조(준강간, 준강제추행), 제300조(미수범), 제301조(강간등 상해·치상), 제301조의2(강간등 살인·치사), 제302조(미성년자등에 대한 간음), 제303조(업무상위력등에 의한 간음) 및 제305조(미성년자에 대한 간음, 추행)의 죄

4. 「형법」 제339조(강도강간)의 죄 및 제342조(제339조의 미수범으로 한정한다)의 죄

5. 이 법 제3조(특수강도강간 등)부터 제15조(미수범)까지의 죄

② 제1항 각 호의 범죄로서 다른 법률에 따라 가중처벌되는 죄는 성폭력범죄로 본다.

제2장 성폭력범죄의 처벌 및 절차에 관한 특례

제3조(특수강도강간 등) ① 「형법」 제319조제1항(주거침입), 제330조(야간주거침입절도), 제331조(특수절도) 또는 제342조(미수범. 다만, 제330조 및 제331조의 미수범으로 한정한다)의 죄를 범한 사람이 같은 법 제297조(강간), 제

297조의2(유사강간), 제298조(강제추행) 및 제299조(준강간, 준강제추행)의 죄를 범한 경우에는 무기징역 또는 7년 이상의 징역에 처한다.

② 「형법」 제334조(특수강도) 또는 제342조(미수범. 다만, 제334조의 미수범으로 한정한다)의 죄를 범한 사람이 같은 법 제297조(강간), 제297조의2(유사강간), 제298조(강제추행) 및 제299조(준강간, 준강제추행)의 죄를 범한 경우에는 사형, 무기징역 또는 10년 이상의 징역에 처한다.

제4조(특수강간 등) ① 흉기나 그 밖의 위험한 물건을 지닌 채 또는 2명 이상이 합동하여 「형법」 제297조(강간)의 죄를 범한 사람은 무기징역 또는 7년 이상의 징역에 처한다.

② 제1항의 방법으로 「형법」 제298조(강제추행)의 죄를 범한 사람은 5년 이상의 유기징역에 처한다.

③ 제1항의 방법으로 「형법」 제299조(준강간, 준강제추행)의 죄를 범한 사람은 제1항 또는 제2항의 예에 따라 처벌한다.

제5조(친족관계에 의한 강간 등) ① 친족관계인 사람이 폭행 또는 협박으로 사람을 강간한 경우에는 7년 이상의 유기징역에 처한다.

② 친족관계인 사람이 폭행 또는 협박으로 사람을 강제추행한 경우에는 5년 이상의 유기징역에 처한다.

③ 친족관계인 사람이 사람에 대하여 「형법」 제299조(준강간, 순강제추행)의 죄를 범한 경우에는 제1항 또는 제2항의 예에 따라 처벌한다.

④ 제1항부터 제3항까지의 친족의 범위는 4촌 이내의 혈족·인척과 동거하는 친족으로 한다.

⑤ 제1항부터 제3항까지의 친족은 사실상의 관계에 의한 친족을 포함한다.

제6조(장애인에 대한 강간·강제추행 등) ① 신체적인 또는 정신적인 장애가 있는 사람에 대하여 「형법」 제297조(강간)의 죄를 범한 사람은 무기징역 또는 7

년 이상의 징역에 처한다.

② 신체적인 또는 정신적인 장애가 있는 사람에 대하여 폭행이나 협박으로 다음 각 호의 어느 하나에 해당하는 행위를 한 사람은 5년 이상의 유기징역에 처한다.

1. 구강·항문 등 신체(성기는 제외한다)의 내부에 성기를 넣는 행위

2. 성기·항문에 손가락 등 신체(성기는 제외한다)의 일부나 도구를 넣는 행위

③ 신체적인 또는 정신적인 장애가 있는 사람에 대하여 「형법」 제298조(강제추행)의 죄를 범한 사람은 3년 이상의 유기징역 또는 3천만원 이상 5천만원 이하의 벌금에 처한다.

④ 신체적인 또는 정신적인 장애로 항거불능 또는 항거곤란 상태에 있음을 이용하여 사람을 간음하거나 추행한 사람은 제1항부터 제3항까지의 예에 따라 처벌한다.

⑤ 위계(僞計) 또는 위력(威力)으로써 신체적인 또는 정신적인 장애가 있는 사람을 간음한 사람은 5년 이상의 유기징역에 처한다.

⑥ 위계 또는 위력으로써 신체적인 또는 정신적인 장애가 있는 사람을 추행한 사람은 1년 이상의 유기징역 또는 1천만원 이상 3천만원 이하의 벌금에 처한다.

⑦ 장애인의 보호, 교육 등을 목적으로 하는 시설의 장 또는 종사자가 보호, 감독의 대상인 장애인에 대하여 제1항부터 제6항까지의 죄를 범한 경우에는 그 죄에 정한 형의 2분의 1까지 가중한다.

제7조(13세 미만의 미성년자에 대한 강간, 강제추행 등) ① 13세 미만의 사람에 대하여 「형법」 제297조(강간)의 죄를 범한 사람은 무기징역 또는 10년 이상의 징역에 처한다.

② 13세 미만의 사람에 대하여 폭행이나 협박으로 다음 각 호의 어느 하나에 해당하는 행위를 한 사람은 7년 이상의 유기징역에 처한다.

1. 구강·항문 등 신체(성기는 제외한다)의 내부에 성기를 넣는 행위

2. 성기·항문에 손가락 등 신체(성기는 제외한다)의 일부나 도구를 넣는 행위

③ 13세 미만의 사람에 대하여 「형법」 제298조(강제추행)의 죄를 범한 사람은 5년 이상의 유기징역에 처한다.

④ 13세 미만의 사람에 대하여 「형법」 제299조(준강간, 준강제추행)의 죄를 범한 사람은 제1항부터 제3항까지의 예에 따라 처벌한다.

⑤ 위계 또는 위력으로써 13세 미만의 사람을 간음하거나 추행한 사람은 제1항부터 제3항까지의 예에 따라 처벌한다.

제8조(강간 등 상해·치상) ① 제3조제1항, 제4조, 제6조, 제7조 또는 제15조(제3조제1항, 제4조, 제6조 또는 제7조의 미수범으로 한정한다)의 죄를 범한 사람이 다른 사람을 상해하거나 상해에 이르게 한 때에는 무기징역 또는 10년 이상의 징역에 처한다.

② 제5조 또는 제15조(제5조의 미수범으로 한정한다)의 죄를 범한 사람이 다른 사람을 상해하거나 상해에 이르게 한 때에는 무기징역 또는 7년 이상의 징역에 처한다.

제9조(강간 등 살인·치사) ① 제3조부터 제7조까지, 제15조(제3조부터 제7조까지의 미수범으로 한정한다)의 죄 또는 「형법」 제297조(강간), 제297조의2(유사강간) 및 제298조(강제추행)부터 제300조(미수범)까지의 죄를 범한 사람이 다른 사람을 살해한 때에는 사형 또는 무기징역에 처한다.

② 제4조, 제5조 또는 제15조(제4조 또는 제5조의 미수범으로 한정한다)의 죄를 범한 사람이 다른 사람을 사망에 이르게 한 때에는 무기징역 또는 10년 이상의 징역에 처한다.

③ 제6조, 제7조 또는 제15조(제6조 또는 제7조의 미수범으로 한정한다)의 죄를 범한 사람이 다른 사람을 사망에 이르게 한 때에는 사형, 무기징역 또는 10년 이상의 징역에 처한다.

제10조(업무상 위력 등에 의한 추행) ① 업무, 고용이나 그 밖의 관계로 인하여 자기의 보호, 감독을 받는 사람에 대하여 위계 또는 위력으로 추행한 사람은 3년 이하의 징역 또는 1천500만원 이하의 벌금에 처한다.

② 법률에 따라 구금된 사람을 감호하는 사람이 그 사람을 추행한 때에는 5년 이하의 징역 또는 2천만원 이하의 벌금에 처한다.

제11조(공중 밀집 장소에서의 추행) 대중교통수단, 공연·집회 장소, 그 밖에 공중(公衆)이 밀집하는 장소에서 사람을 추행한 사람은 3년 이하의 징역 또는 3천만원 이하의 벌금에 처한다.

제12조(성적 목적을 위한 다중이용장소 침입행위) 자기의 성적 욕망을 만족시킬 목적으로 화장실, 목욕장·목욕실 또는 발한실(發汗室), 모유수유시설, 탈의실 등 불특정 다수가 이용하는 다중이용장소에 침입하거나 같은 장소에서 퇴거의 요구를 받고 응하지 아니하는 사람은 1년 이하의 징역 또는 1천만원 이하의 벌금에 처한다.

제13조(통신매체를 이용한 음란행위) 자기 또는 다른 사람의 성적 욕망을 유발하거나 만족시킬 목적으로 전화, 우편, 컴퓨터, 그 밖의 통신매체를 통하여 성적 수치심이나 혐오감을 일으키는 말, 음향, 글, 그림, 영상 또는 물건을 상대방에게 도달하게 한 사람은 2년 이하의 징역 또는 2천만원 이하의 벌금에 처한다.

제14조(카메라 등을 이용한 촬영) ① 카메라나 그 밖에 이와 유사한 기능을 갖춘 기계장치를 이용하여 성적 욕망 또는 수치심을 유발할 수 있는 사람의 신체를 촬영대상자의 의사에 반하여 촬영한 자는 7년 이하의 징역 또는 5천만원 이하의 벌금에 처한다.

② 제1항에 따른 촬영물 또는 복제물(복제물의 복제물을 포함한다. 이하 이 조

에서 같다)을 반포·판매·임대·제공 또는 공공연하게 전시·상영(이하 "반포등"이라 한다)한 자 또는 제1항의 촬영이 촬영 당시에는 촬영대상자의 의사에 반하지 아니한 경우(자신의 신체를 직접 촬영한 경우를 포함한다)에도 사후에 그 촬영물 또는 복제물을 촬영대상자의 의사에 반하여 반포등을 한 자는 7년 이하의 징역 또는 5천만원 이하의 벌금에 처한다.

③ 영리를 목적으로 촬영대상자의 의사에 반하여 「정보통신망 이용촉진 및 정보보호 등에 관한 법률」 제2조제1항제1호의 정보통신망(이하 "정보통신망"이라 한다)을 이용하여 제2항의 죄를 범한 자는 3년 이상의 유기징역에 처한다.

④ 제1항 또는 제2항의 촬영물 또는 복제물을 소지·구입·저장 또는 시청한 자는 3년 이하의 징역 또는 3천만원 이하의 벌금에 처한다.

⑤ 상습으로 제1항부터 제3항까지의 죄를 범한 때에는 그 죄에 정한 형의 2분의 1까지 가중한다.

제14조의2(허위영상물 등의 반포등) ① 반포등을 할 목적으로 사람의 얼굴·신체 또는 음성을 대상으로 한 촬영물·영상물 또는 음성물(이하 이 조에서 "영상물등"이라 한다)을 영상물등의 대상자의 의사에 반하여 성적 욕망 또는 수치심을 유발할 수 있는 형태로 편집·합성 또는 가공(이하 이 조에서 "편집등"이라 한다)한 자는 5년 이하의 징역 또는 5천만원 이하의 벌금에 처한다.

② 제1항에 따른 편집물·합성물·가공물(이하 이 항에서 "편집물등"이라 한다) 또는 복제물(복제물의 복세물을 포함한다. 이하 이 항에서 같다)을 반포등을 한 자 또는 제1항의 편집등을 할 당시에는 영상물등의 대상자의 의사에 반하지 아니한 경우에도 사후에 그 편집물등 또는 복제물을 영상물등의 대상자의 의사에 반하여 반포등을 한 자는 5년 이하의 징역 또는 5천만원 이하의 벌금에 처한다.

③ 영리를 목적으로 영상물등의 대상자의 의사에 반하여 정보통신망을 이용하여 제2항의 죄를 범한 자는 7년 이하의 징역에 처한다.

④ 상습으로 제1항부터 제3항까지의 죄를 범한 때에는 그 죄에 정한 형의 2분

의 1까지 가중한다.

제14조의3(촬영물 등을 이용한 협박·강요) ① 성적 욕망 또는 수치심을 유발할 수 있는 촬영물 또는 복제물(복제물의 복제물을 포함한다)을 이용하여 사람을 협박한 자는 1년 이상의 유기징역에 처한다.

② 제1항에 따른 협박으로 사람의 권리행사를 방해하거나 의무 없는 일을 하게 한 자는 3년 이상의 유기징역에 처한다.

③ 상습으로 제1항 및 제2항의 죄를 범한 경우에는 그 죄에 정한 형의 2분의 1까지 가중한다.

제15조(미수범) 제3조부터 제9조까지, 제14조, 제14조의2 및 제14조의3의 미수범은 처벌한다.

제15조의2(예비, 음모) 제3조부터 제7조까지의 죄를 범할 목적으로 예비 또는 음모한 사람은 3년 이하의 징역에 처한다.

제16조(형벌과 수강명령 등의 병과) ① 법원이 성폭력범죄를 범한 사람에 대하여 형의 선고를 유예하는 경우에는 1년 동안 보호관찰을 받을 것을 명할 수 있다. 다만, 성폭력범죄를 범한 「소년법」 제2조에 따른 소년에 대하여 형의 선고를 유예하는 경우에는 반드시 보호관찰을 명하여야 한다.

② 법원이 성폭력범죄를 범한 사람에 대하여 유죄판결(선고유예는 제외한다)을 선고하거나 약식명령을 고지하는 경우에는 500시간의 범위에서 재범예방에 필요한 수강명령 또는 성폭력 치료프로그램의 이수명령(이하 "이수명령"이라 한다)을 병과하여야 한다. 다만, 수강명령 또는 이수명령을 부과할 수 없는 특별한 사정이 있는 경우에는 그러하지 아니하다. <

③ 성폭력범죄를 범한 자에 대하여 제2항의 수강명령은 형의 집행을 유예할 경우에 그 집행유예기간 내에서 병과하고, 이수명령은 벌금 이상의 형을 선고

하거나 약식명령을 고지할 경우에 병과한다. 다만, 이수명령은 성폭력범죄자가 「전자장치 부착 등에 관한 법률」 제9조의2제1항제4호에 따른 이수명령을 부과받은 경우에는 병과하지 아니한다.

④ 법원이 성폭력범죄를 범한 사람에 대하여 형의 집행을 유예하는 경우에는 제2항에 따른 수강명령 외에 그 집행유예기간 내에서 보호관찰 또는 사회봉사 중 하나 이상의 처분을 병과할 수 있다.

⑤ 제2항에 따른 수강명령 또는 이수명령은 형의 집행을 유예할 경우에는 그 집행유예기간 내에, 벌금형을 선고하거나 약식명령을 고지할 경우에는 형 확정일부터 6개월 이내에, 징역형 이상의 실형(實刑)을 선고할 경우에는 형기 내에 각각 집행한다. 다만, 수강명령 또는 이수명령은 성폭력범죄를 범한 사람이 「아동·청소년의 성보호에 관한 법률」 제21조에 따른 수강명령 또는 이수명령을 부과받은 경우에는 병과하지 아니한다.

⑥ 제2항에 따른 수강명령 또는 이수명령이 벌금형 또는 형의 집행유예와 병과된 경우에는 보호관찰소의 장이 집행하고, 징역형 이상의 실형과 병과된 경우에는 교정시설의 장이 집행한다. 다만, 징역형 이상의 실형과 병과된 이수명령을 모두 이행하기 전에 석방 또는 가석방되거나 미결구금일수 산입 등의 사유로 형을 집행할 수 없게 된 경우에는 보호관찰소의 장이 남은 이수명령을 집행한다.

⑦ 제2항에 따른 수강명령 또는 이수명령은 다음 각 호의 내용으로 한다.

1. 일탈적 이상행동의 진단·상담
2. 성에 대한 건전한 이해를 위한 교육
3. 그 밖에 성폭력범죄를 범한 사람의 재범예방을 위하여 필요한 사항

⑧ 성폭력범죄를 범한 사람으로서 형의 집행 중에 가석방된 사람은 가석방기간 동안 보호관찰을 받는다. 다만, 가석방을 허가한 행정관청이 보호관찰을 할 필요가 없다고 인정한 경우에는 그러하지 아니하다.

⑨ 보호관찰, 사회봉사, 수강명령 및 이수명령에 관하여 이 법에서 규정한 사항 외의 사항에 대하여는 「보호관찰 등에 관한 법률」을 준용한다.

제17조(판결 전 조사) ① 법원은 성폭력범죄를 범한 피고인에 대하여 제16조에 따른 보호관찰, 사회봉사, 수강명령 또는 이수명령을 부과하기 위하여 필요하다고 인정하면 그 법원의 소재지 또는 피고인의 주거지를 관할하는 보호관찰소의 장에게 피고인의 신체적·심리적 특성 및 상태, 정신성적 발달과정, 성장배경, 가정환경, 직업, 생활환경, 교우관계, 범행동기, 병력(病歷), 피해자와의 관계, 재범위험성 등 피고인에 관한 사항의 조사를 요구할 수 있다.

② 제1항의 요구를 받은 보호관찰소의 장은 지체 없이 이를 조사하여 서면으로 해당 법원에 알려야 한다. 이 경우 필요하다고 인정하면 피고인이나 그 밖의 관계인을 소환하여 심문하거나 소속 보호관찰관에게 필요한 사항을 조사하게 할 수 있다.

③ 법원은 제1항의 요구를 받은 보호관찰소의 장에게 조사진행상황에 관한 보고를 요구할 수 있다

제18조(고소 제한에 대한 예외) 성폭력범죄에 대하여는 「형사소송법」 제224조(고소의 제한) 및 「군사법원법」 제266조에도 불구하고 자기 또는 배우자의 직계존속을 고소할 수 있다.

제19조 삭제

제20조(「형법」상 감경규정에 관한 특례) 음주 또는 약물로 인한 심신장애 상태에서 성폭력범죄(제2조제1항제1호의 죄는 제외한다)를 범한 때에는 「형법」 제10조제1항·제2항 및 제11조를 적용하지 아니할 수 있다.

제21조(공소시효에 관한 특례) ① 미성년자에 대한 성폭력범죄의 공소시효는 「형사소송법」 제252조제1항 및 「군사법원법」 제294조제1항에도 불구하고 해당 성폭력범죄로 피해를 당한 미성년자가 성년에 달한 날부터 진행한다.

② 제2조제3호 및 제4호의 죄와 제3조부터 제9조까지의 죄는 디엔에이(DNA)

증거 등 그 죄를 증명할 수 있는 과학적인 증거가 있는 때에는 공소시효가 10
년 연장된다.

③ 13세 미만의 사람 및 신체적인 또는 정신적인 장애가 있는 사람에 대하여
다음 각 호의 죄를 범한 경우에는 제1항과 제2항에도 불구하고 「형사소송법」
제249조부터 제253조까지 및 「군사법원법」 제291조부터 제295조까지에 규정
된 공소시효를 적용하지 아니한다.

1. 「형법」 제297조(강간), 제298조(강제추행), 제299조(준강간, 준강제추행),
   제301조(강간등 상해·치상), 제301조의2(강간등 살인·치사) 또는 제305조
   (미성년자에 대한 간음, 추행)의 죄

2. 제6조제2항, 제7조제2항 및 제5항, 제8조, 제9조의 죄

3. 「아동·청소년의 성보호에 관한 법률」 제9조 또는 제10조의 죄

④ 다음 각 호의 죄를 범한 경우에는 제1항과 제2항에도 불구하고 「형사소송
법」 제249조부터 제253조까지 및 「군사법원법」 제291조부터 제295조까지에
규정된 공소시효를 적용하지 아니한다.

1. 「형법」 제301조의2(강간등 살인·치사)의 죄(강간등 살인에 한정한다)

2. 제9조제1항의 죄

3. 「아동·청소년의 성보호에 관한 법률」 제10조제1항의 죄

4. 「군형법」 제92조의8의 죄(강간 등 살인에 한정한다)

제22조(「특정강력범죄의 처벌에 관한 특례법」의 준용) 성폭력범죄에 대한 처벌
   절차에는 「특정강력범죄의 처벌에 관한 특례법」 제7조(증인에 대한 신변안전
   조치), 제8조(출판물 게재 등으로부터의 피해자 보호), 제9조(소송 진행의 협
   의), 제12조(간이공판절차의 결정) 및 제13조(판결선고)를 준용한다.

제23조(피해자, 신고인 등에 대한 보호조치) 법원 또는 수사기관이 성폭력범죄
   의 피해자, 성폭력범죄를 신고(고소·고발을 포함한다)한 사람을 증인으로 신
   문하거나 조사하는 경우에는 「특정범죄신고자 등 보호법」 제5조 및 제7조부

터 제13조까지의 규정을 준용한다. 이 경우 「특정범죄신고자 등 보호법」 제9
조와 제13조를 제외하고는 보복을 당할 우려가 있음을 요하지 아니한다.

제24조(피해자의 신원과 사생활 비밀 누설 금지) ① 성폭력범죄의 수사 또는 재
판을 담당하거나 이에 관여하는 공무원 또는 그 직에 있었던 사람은 피해자의
주소, 성명, 나이, 직업, 학교, 용모, 그 밖에 피해자를 특정하여 파악할 수 있
게 하는 인적사항과 사진 등 또는 그 피해자의 사생활에 관한 비밀을 공개하
거나 다른 사람에게 누설하여서는 아니 된다.
② 누구든지 제1항에 따른 피해자의 주소, 성명, 나이, 직업, 학교, 용모, 그 밖
에 피해자를 특정하여 파악할 수 있는 인적사항이나 사진 등을 피해자의 동의
를 받지 아니하고 신문 등 인쇄물에 싣거나 「방송법」 제2조제1호에 따른 방송
또는 정보통신망을 통하여 공개하여서는 아니 된다.

제25조(피의자의 얼굴 등 공개) ① 검사와 사법경찰관은 성폭력범죄의 피의자가
죄를 범하였다고 믿을 만한 충분한 증거가 있고, 국민의 알권리 보장, 피의자
의 재범 방지 및 범죄예방 등 오로지 공공의 이익을 위하여 필요할 때에는 얼
굴, 성명 및 나이 등 피의자의 신상에 관한 정보를 공개할 수 있다. 다만, 피의
자가 「청소년 보호법」 제2조제1호의 청소년에 해당하는 경우에는 공개하지
아니한다.
② 제1항에 따라 공개를 할 때에는 피의자의 인권을 고려하여 신중하게 결정
하고 이를 남용하여서는 아니 된다.

제26조(성폭력범죄의 피해자에 대한 전담조사제) ① 검찰총장은 각 지방검찰청
검사장으로 하여금 성폭력범죄 전담 검사를 지정하도록 하여 특별한 사정이
없으면 이들로 하여금 피해자를 조사하게 하여야 한다.
② 경찰청장은 각 경찰서장으로 하여금 성폭력범죄 전담 사법경찰관을 지정하도
록 하여 특별한 사정이 없으면 이들로 하여금 피해자를 조사하게 하여야 한다.

③ 국가는 제1항의 검사 및 제2항의 사법경찰관에게 성폭력범죄의 수사에 필요한 전문지식과 피해자보호를 위한 수사방법 및 수사절차 등에 관한 교육을 실시하여야 한다.

제27조(성폭력범죄 피해자에 대한 변호사 선임의 특례) ① 성폭력범죄의 피해자 및 그 법정대리인(이하 "피해자등"이라 한다)은 형사절차상 입을 수 있는 피해를 방어하고 법률적 조력을 보장하기 위하여 변호사를 선임할 수 있다.
② 제1항에 따른 변호사는 검사 또는 사법경찰관의 피해자등에 대한 조사에 참여하여 의견을 진술할 수 있다. 다만, 조사 도중에는 검사 또는 사법경찰관의 승인을 받아 의견을 진술할 수 있다.
③ 제1항에 따른 변호사는 피의자에 대한 구속 전 피의자심문, 증거보전절차, 공판준비기일 및 공판절차에 출석하여 의견을 진술할 수 있다. 이 경우 필요한 절차에 관한 구체적 사항은 대법원규칙으로 정한다.
④ 제1항에 따른 변호사는 증거보전 후 관계 서류나 증거물, 소송계속 중의 관계 서류나 증거물을 열람하거나 등사할 수 있다.
⑤ 제1항에 따른 변호사는 형사절차에서 피해자등의 대리가 허용될 수 있는 모든 소송행위에 대한 포괄적인 대리권을 가진다.
⑥ 검사는 피해자에게 변호사가 없는 경우 국선변호사를 선정하여 형사절차에서 피해자의 권익을 보호할 수 있다.

제28조(성폭력범죄에 대한 전담재판부) 지방법원장 또는 고등법원장은 특별한 사정이 없으면 성폭력범죄 전담재판부를 지정하여 성폭력범죄에 대하여 재판하게 하여야 한다.

제29조(수사 및 재판절차에서의 배려) ① 수사기관과 법원 및 소송관계인은 성폭력범죄를 당한 피해자의 나이, 심리 상태 또는 후유장애의 유무 등을 신중하게 고려하여 조사 및 심리·재판 과정에서 피해자의 인격이나 명예가 손상

되거나 사적인 비밀이 침해되지 아니하도록 주의하여야 한다.

② 수사기관과 법원은 성폭력범죄의 피해자를 조사하거나 심리·재판할 때 피해자가 편안한 상태에서 진술할 수 있는 환경을 조성하여야 하며, 조사 및 심리·재판 횟수는 필요한 범위에서 최소한으로 하여야 한다.

제30조(영상물의 촬영·보존 등) ① 성폭력범죄의 피해자가 19세 미만이거나 신체적인 또는 정신적인 장애로 사물을 변별하거나 의사를 결정할 능력이 미약한 경우에는 피해자의 진술 내용과 조사 과정을 비디오녹화기 등 영상물 녹화장치로 촬영·보존하여야 한다.

② 제1항에 따른 영상물 녹화는 피해자 또는 법정대리인이 이를 원하지 아니하는 의사를 표시한 경우에는 촬영을 하여서는 아니 된다. 다만, 가해자가 친권자 중 일방인 경우는 그러하지 아니하다.

③ 제1항에 따른 영상물 녹화는 조사의 개시부터 종료까지의 전 과정 및 객관적 정황을 녹화하여야 하고, 녹화가 완료된 때에는 지체 없이 그 원본을 피해자 또는 변호사 앞에서 봉인하고 피해자로 하여금 기명날인 또는 서명하게 하여야 한다.

④ 검사 또는 사법경찰관은 피해자가 제1항의 녹화장소에 도착한 시각, 녹화를 시작하고 마친 시각, 그 밖에 녹화과정의 진행경과를 확인하기 위하여 필요한 사항을 조서 또는 별도의 서면에 기록한 후 수사기록에 편철하여야 한다.

⑤ 검사 또는 사법경찰관은 피해자 또는 법정대리인이 신청하는 경우에는 영상물 촬영과정에서 작성한 조서의 사본을 신청인에게 발급하거나 영상물을 재생하여 시청하게 하여야 한다.

⑥ 제1항에 따라 촬영한 영상물에 수록된 피해자의 진술은 공판준비기일 또는 공판기일에 피해자나 조사 과정에 동석하였던 신뢰관계에 있는 사람 또는 진술조력인의 진술에 의하여 그 성립의 진정함이 인정된 경우에 증거로 할 수 있다.

⑦ 누구든지 제1항에 따라 촬영한 영상물을 수사 및 재판의 용도 외에 다른 목적으로 사용하여서는 아니 된다.

[단순위헌, 2018헌바524, 2021.12.23, 성폭력범죄의 처벌 등에 관한 특례법 (2012. 12. 18. 법률 제11556호로 전부개정된 것) 제30조 제6항 중 '제1항에 따라 촬영한 영상물에 수록된 피해자의 진술은 공판준비기일 또는 공판기일에 조사 과정에 동석하였던 신뢰관계에 있는 사람 또는 진술조력인의 진술에 의하여 그 성립의 진정함이 인정된 경우에 증거로 할 수 있다' 부분 가운데 19세 미만 성폭력범죄 피해자에 관한 부분은 헌법에 위반된다.]

제31조(심리의 비공개) ① 성폭력범죄에 대한 심리는 그 피해자의 사생활을 보호하기 위하여 결정으로써 공개하지 아니할 수 있다.

② 증인으로 소환받은 성폭력범죄의 피해자와 그 가족은 사생활보호 등의 사유로 증인신문의 비공개를 신청할 수 있다.

③ 재판장은 제2항에 따른 신청을 받으면 그 허가 및 공개 여부, 법정 외의 장소에서의 신문 등 증인의 신문 방식 및 장소에 관하여 결정할 수 있다.

④ 제1항 및 제3항의 경우에는 「법원조직법」 제57조(재판의 공개)제2항·제3항 및 「군사법원법」 제67조제2항·제3항을 준용한다.

제32조(증인지원시설의 설치·운영 등) ① 각급 법원은 증인으로 법원에 출석하는 피해자등이 재판 전후에 피고인이나 그 가족과 마주치지 아니하도록 하고, 보호와 지원을 받을 수 있는 적절한 시설을 설치한다.

② 각급 법원은 제1항의 시설을 관리·운영하고 피해자등의 보호와 지원을 담당하는 직원(이하 "증인지원관"이라 한다)을 둔다.

③ 법원은 증인지원관에 대하여 인권 감수성 향상에 필요한 교육을 정기적으로 실시한다.

④ 증인지원관의 업무·자격 및 교육 등에 필요한 사항은 대법원규칙으로 정한다.

제33조(전문가의 의견 조회) ① 법원은 정신건강의학과의사, 심리학자, 사회복지학자, 그 밖의 관련 전문가로부터 행위자 또는 피해자의 정신·심리 상태에 대한 진단 소견 및 피해자의 진술 내용에 관한 의견을 조회할 수 있다.

② 법원은 성폭력범죄를 조사·심리할 때에는 제1항에 따른 의견 조회의 결과를 고려하여야 한다.

③ 법원은 법원행정처장이 정하는 관련 전문가 후보자 중에서 제1항에 따른 전문가를 지정하여야 한다.

④ 제1항부터 제3항까지의 규정은 수사기관이 성폭력범죄를 수사하는 경우에 준용한다. 다만, 피해자가 13세 미만이거나 신체적인 또는 정신적인 장애로 사물을 변별하거나 의사를 결정할 능력이 미약한 경우에는 관련 전문가에게 피해자의 정신·심리 상태에 대한 진단 소견 및 진술 내용에 관한 의견을 조회하여야 한다.

⑤ 제4항에 따라 준용할 경우 "법원행정처장"은 "검찰총장 또는 경찰청장"으로 본다.

제34조(신뢰관계에 있는 사람의 동석) ① 법원은 제3조부터 제8조까지, 제10조 및 제15조(제9조의 미수범은 제외한다)의 범죄의 피해자를 증인으로 신문하는 경우에 검사, 피해자 또는 법정대리인이 신청할 때에는 재판에 지장을 줄 우려가 있는 등 부득이한 경우가 아니면 피해자와 신뢰관계에 있는 사람을 동석하게 하여야 한다.

② 제1항은 수사기관이 같은 항의 피해자를 조사하는 경우에 관하여 준용한다.

③ 제1항 및 제2항의 경우 법원과 수사기관은 피해자와 신뢰관계에 있는 사람이 피해자에게 불리하거나 피해자가 원하지 아니하는 경우에는 동석하게 하여서는 아니 된다.

제35조(진술조력인 양성 등) ① 법무부장관은 의사소통 및 의사표현에 어려움이 있는 성폭력범죄의 피해자에 대한 형사사법절차에서의 조력을 위하여 진술조력인을 양성하여야 한다.

② 진술조력인은 정신건강의학, 심리학, 사회복지학, 교육학 등 아동·장애인의 심리나 의사소통 관련 전문지식이 있거나 관련 분야에서 상당 기간 종사한 사람으로 법무부장관이 정하는 교육을 이수하여야 한다. 진술조력인의 자격, 양성 및 배치 등에 관하여 필요한 사항은 법무부령으로 정한다.

③ 법무부장관은 제1항에 따라 양성한 진술조력인 명부를 작성하여야 한다.

제35조의2(진술조력인의 결격사유) 다음 각 호의 어느 하나에 해당하는 사람은 진술조력인이 될 수 없다.

1. 피성년후견인

2. 금고 이상의 실형을 선고받고 그 집행이 종료(집행이 종료된 것으로 보는 경우를 포함한다)되거나 집행이 면제된 날부터 5년이 지나지 아니한 사람

3. 금고 이상의 형의 집행을 유예받고 그 유예기간이 완료된 날부터 2년이 지나지 아니한 사람

4. 금고 이상의 형의 선고를 유예받고 그 유예기간 중에 있는 사람

5. 제2호부터 제4호까지의 규정에도 불구하고 다음 각 목의 어느 하나에 해당하는 범죄를 저지른 사람으로서 형 또는 치료감호를 선고받고 확정된 후 그 형 또는 치료감호의 전부 또는 일부의 집행이 끝나거나(집행이 끝난 것으로 보는 경우를 포함한다) 집행이 유예·면제된 날부터 10년이 지나지 아니한 사람

   가. 제2조에 따른 성폭력범죄

   나. 「아동·청소년의 성보호에 관한 법률」 제2조제2호에 따른 아동·청소년 대상 성범죄

   다. 「아동학대범죄의 처벌 등에 관한 특례법」 제2조제4호에 따른 아동학대범죄

   라. 「장애인복지법」 제86조, 제86조의2 및 제87조의 죄

6. 제35조의3(이 조 제1호에 해당하게 되어 제35조의3제1항제2호에 따라 진술조력인의 자격이 취소된 경우는 제외한다)에 따라 진술조력인 자격이 취소된

후 3년이 지나지 아니한 사람

제35조의3(진술조력인의 자격취소) ① 법무부장관은 진술조력인 자격을 가진 사람이 다음 각 호의 어느 하나에 해당하는 경우에는 그 자격을 취소할 수 있다. 다만, 제1호 또는 제2호에 해당하는 경우에는 그 자격을 취소하여야 한다.

1. 거짓이나 그 밖의 부정한 방법으로 자격을 취득한 사실이 드러난 경우
2. 제35조의2 각 호의 결격사유 중 어느 하나에 해당하게 된 경우
3. 제38조에 따른 진술조력인의 의무를 위반한 경우
4. 고의나 중대한 과실로 업무 수행에 중대한 지장이 발생하게 된 경우
5. 진술조력인의 업무 수행과 관련하여 부당한 금품을 수령하는 등 부정한 행위를 한 경우
6. 정당한 사유 없이 법무부령으로 정하는 교육을 이수하지 않은 경우
7. 그 밖에 진술조력인의 업무를 수행할 수 없는 중대한 사유가 발생한 경우

② 법무부장관은 제1항에 따라 진술조력인 자격을 취소하려는 경우에는 해당 진술조력인에게 자격 취소 예정인 사실과 그 사유를 통보하여야 한다. 이 경우 통보를 받은 진술조력인은 법무부에 출석하여 소명(疏明)하거나 소명에 관한 의견서를 제출할 수 있다.

③ 법무부장관은 제2항 후단에 따라 진술조력인이 소명하거나 소명에 관한 의견서를 제출한 경우 진술조력인 자격 취소 여부를 결정하기 위하여 외부 전문가의 의견을 들을 수 있다.

④ 법무부장관은 제1항에 따라 진술조력인 자격을 취소한 경우에는 즉시 그 사람에게 진술조력인 자격 취소의 사실 및 그 사유를 서면으로 알려주어야 한다.

⑤ 제1항에 따라 진술조력인 자격이 취소된 사람의 자격증 반납에 관해서는 법무부령으로 정한다.

제36조(진술조력인의 수사과정 참여) ① 검사 또는 사법경찰관은 성폭력범죄의 피해자가 13세 미만의 아동이거나 신체적인 또는 정신적인 장애로 의사소통이

나 의사표현에 어려움이 있는 경우 원활한 조사를 위하여 직권이나 피해자, 그 법정대리인 또는 변호사의 신청에 따라 진술조력인으로 하여금 조사과정에 참여하여 의사소통을 중개하거나 보조하게 할 수 있다. 다만, 피해자 또는 그 법정대리인이 이를 원하지 아니하는 의사를 표시한 경우에는 그러하지 아니하다.

② 검사 또는 사법경찰관은 제1항의 피해자를 조사하기 전에 피해자, 법정대리인 또는 변호사에게 진술조력인에 의한 의사소통 중개나 보조를 신청할 수 있음을 고지하여야 한다.

③ 진술조력인은 조사 전에 피해자를 면담하여 진술조력인 조력 필요성에 관하여 평가한 의견을 수사기관에 제출할 수 있다.

④ 제1항에 따라 조사과정에 참여한 진술조력인은 피해자의 의사소통이나 표현 능력, 특성 등에 관한 의견을 수사기관이나 법원에 제출할 수 있다.

⑤ 제1항부터 제4항까지의 규정은 검증에 관하여 준용한다.

⑥ 그 밖에 진술조력인의 수사절차 참여에 관한 절차와 방법 등 필요한 사항은 법무부령으로 정한다.

제37조(진술조력인의 재판과정 참여) ① 법원은 성폭력범죄의 피해자가 13세 미만 아동이거나 신체적인 또는 정신적인 장애로 의사소통이나 의사표현에 어려움이 있는 경우 원활한 증인 신문을 위하여 직권 또는 검사, 피해자, 그 법정대리인 및 변호사의 신청에 의한 결정으로 진술조력인으로 하여금 증인 신문에 참여하여 중개하거나 보조하게 할 수 있다.

② 법원은 증인이 제1항에 해당하는 경우에는 신문 전에 피해자, 법정대리인 및 변호사에게 진술조력인에 의한 의사소통 중개나 보조를 신청할 수 있음을 고지하여야 한다.

③ 진술조력인의 소송절차 참여에 관한 구체적 절차와 방법은 대법원규칙으로 정한다.

제38조(진술조력인의 의무) ① 진술조력인은 수사 및 재판 과정에 참여함에 있

어 중립적인 지위에서 상호간의 진술이 왜곡 없이 전달될 수 있도록 노력하여야 한다.

② 진술조력인은 그 직무상 알게 된 피해자의 주소, 성명, 나이, 직업, 학교, 용모, 그 밖에 피해자를 특정하여 파악할 수 있게 하는 인적사항과 사진 및 사생활에 관한 비밀을 공개하거나 다른 사람에게 누설하여서는 아니 된다.

제39조(벌칙적용에 있어서 공무원의 의제) 진술조력인은 「형법」 제129조부터 제132조까지에 따른 벌칙의 적용에 있어서 이를 공무원으로 본다.

제40조(비디오 등 중계장치에 의한 증인신문) ① 법원은 제2조제1항제3호부터 제5호까지의 범죄의 피해자를 증인으로 신문하는 경우 검사와 피고인 또는 변호인의 의견을 들어 비디오 등 중계장치에 의한 중계를 통하여 신문할 수 있다.

② 제1항에 따른 증인신문의 절차·방법 등에 관하여 필요한 사항은 대법원규칙으로 정한다.

제41조(증거보전의 특례) ① 피해자나 그 법정대리인 또는 경찰은 피해자가 공판기일에 출석하여 증언하는 것에 현저히 곤란한 사정이 있을 때에는 그 사유를 소명하여 제30조에 따라 촬영된 영상물 또는 그 밖의 다른 증거에 대하여 해당 성폭력범죄를 수사하는 검사에게 「형사소송법」 제184조(증거보전의 청구와 그 절차)제1항에 따른 증거보전의 청구를 할 것을 요청할 수 있다. 이 경우 피해자가 16세 미만이거나 신체적인 또는 정신적인 장애로 사물을 변별하거나 의사를 결정할 능력이 미약한 경우에는 공판기일에 출석하여 증언하는 것에 현저히 곤란한 사정이 있는 것으로 본다.

② 제1항의 요청을 받은 검사는 그 요청이 타당하다고 인정할 때에는 증거보전의 청구를 할 수 있다.

제3장 신상정보 등록 등

제42조(신상정보 등록대상자) ① 제2조제1항제3호·제4호, 같은 조 제2항(제1항
제3호·제4호에 한정한다), 제3조부터 제15조까지의 범죄 및 「아동·청소년의
성보호에 관한 법률」 제2조제2호가목·라목의 범죄(이하 "등록대상 성범죄"라
한다)로 유죄판결이나 약식명령이 확정된 자 또는 같은 법 제49조제1항제4호
에 따라 공개명령이 확정된 자는 신상정보 등록대상자(이하 "등록대상자"라
한다)가 된다. 다만, 제12조·제13조의 범죄 및 「아동·청소년의 성보호에 관
한 법률」 제11조제3항 및 제5항의 범죄로 벌금형을 선고받은 자는 제외한다.
② 법원은 등록대상 성범죄로 유죄판결을 선고하거나 약식명령을 고지하는 경
우에는 등록대상자라는 사실과 제43조에 따른 신상정보 제출 의무가 있음을
등록대상자에게 알려 주어야 한다.
③ 제2항에 따른 통지는 판결을 선고하는 때에는 구두 또는 서면으로 하고, 약
식명령을 고지하는 때에는 통지사항이 기재된 서면을 송달하는 방법으로 한다.
④ 법원은 제1항의 판결이나 약식명령이 확정된 날부터 14일 이내에 판결문
(제45조제4항에 따라 법원이 등록기간을 달리 정한 경우에는 그 사실을 포함
한다) 또는 약식명령 등본을 법무부장관에게 송달하여야 한다.

제43조(신상정보의 제출 의무) ① 등록대상자는 제42조제1항의 판결이 확정된
날부터 30일 이내에 다음 각 호의 신상정보(이하 "기본신상정보"라 한나)를
자신의 주소지를 관할하는 경찰관서의 장(이하 "관할경찰관서의 장"이라 한
다)에게 제출하여야 한다. 다만, 등록대상자가 교정시설 또는 치료감호시설에
수용된 경우에는 그 교정시설의 장 또는 치료감호시설의 장(이하 "교정시설등
의 장"이라 한다)에게 기본신상정보를 제출함으로써 이를 갈음할 수 있다.
1. 성명
2. 주민등록번호
3. 주소 및 실제거주지

4. 직업 및 직장 등의 소재지

5. 연락처(전화번호, 전자우편주소를 말한다)

6. 신체정보(키와 몸무게)

7. 소유차량의 등록번호

② 관할경찰관서의 장 또는 교정시설등의 장은 제1항에 따라 등록대상자가 기본신상정보를 제출할 때에 등록대상자의 정면·좌측·우측 상반신 및 전신 컬러사진을 촬영하여 전자기록으로 저장·보관하여야 한다.

③ 등록대상자는 제1항에 따라 제출한 기본신상정보가 변경된 경우에는 그 사유와 변경내용(이하 "변경정보"라 한다)을 변경사유가 발생한 날부터 20일 이내에 제1항에 따라 제출하여야 한다.

④ 등록대상자는 제1항에 따라 기본신상정보를 제출한 경우에는 그 다음 해부터 매년 12월 31일까지 주소지를 관할하는 경찰관서에 출석하여 경찰관서의 장으로 하여금 자신의 정면·좌측·우측 상반신 및 전신 컬러사진을 촬영하여 전자기록으로 저장·보관하도록 하여야 한다. 다만, 교정시설등의 장은 등록대상자가 교정시설 등에 수용된 경우에는 석방 또는 치료감호 종료 전에 등록대상자의 정면·좌측·우측 상반신 및 전신 컬러사진을 새로 촬영하여 전자기록으로 저장·보관하여야 한다.

⑤ 관할경찰관서의 장 또는 교정시설등의 장은 등록대상자로부터 제출받은 기본신상정보 및 변경정보와 제2항 및 제4항에 따라 저장·보관하는 전자기록을 지체 없이 법무부장관에게 송달하여야 한다.

⑥ 제5항에 따라 등록대상자에 대한 기본신상정보를 송달할 때에 관할경찰관서의 장은 등록대상자에 대한 「형의 실효 등에 관한 법률」 제2조제5호에 따른 범죄경력자료를 함께 송달하여야 한다.

⑦ 기본신상정보 및 변경정보의 송달, 등록에 관한 절차와 방법 등 필요한 사항은 대통령령으로 정한다.

제43조의2(출입국 시 신고의무 등) ① 등록대상자가 6개월 이상 국외에 체류하

기 위하여 출국하는 경우에는 미리 관할경찰관서의 장에게 체류국가 및 체류 기간 등을 신고하여야 한다.

② 제1항에 따라 신고한 등록대상자가 입국하였을 때에는 특별한 사정이 없으면 14일 이내에 관할경찰관서의 장에게 입국 사실을 신고하여야 한다. 제1항에 따른 신고를 하지 아니하고 출국하여 6개월 이상 국외에 체류한 등록대상자가 입국하였을 때에도 또한 같다.

③ 관할경찰관서의 장은 제1항 및 제2항에 따른 신고를 받았을 때에는 지체 없이 법무부장관에게 해당 정보를 송달하여야 한다.

④ 제1항 및 제2항에 따른 신고와 제3항에 따른 송달의 절차 및 방법 등에 관하여 필요한 사항은 대통령령으로 정한다.

제44조(등록대상자의 신상정보 등록 등) ① 법무부장관은 제43조제5항, 제6항 및 제43조의2제3항에 따라 송달받은 정보와 다음 각 호의 등록대상자 정보를 등록하여야 한다.

1. 등록대상 성범죄 경력정보
2. 성범죄 전과사실(죄명, 횟수)
3. 「전자장치 부착 등에 관한 법률」에 따른 전자장치 부착 여부

② 법무부장관은 등록대상자가 제1항에 따라 등록한 정보를 정보통신망을 이용하여 열람할 수 있도록 하여야 한다. 다만, 등록대상자가 신청하는 경우에는 등록한 정보를 등록대상자에게 동시하여야 한다.

③ 법무부장관은 제1항에 따른 등록에 필요한 정보의 조회(「형의 실효 등에 관한 법률」 제2조제8호에 따른 범죄경력조회를 포함한다)를 관계 행정기관의 장에게 요청할 수 있다.

④ 법무부장관은 등록대상자가 기본신상정보 또는 변경정보를 정당한 사유 없이 제출하지 아니한 경우에는 신상정보의 등록에 필요한 사항을 관계 행정기관의 장에게 조회를 요청하여 등록할 수 있다. 이 경우 법무부장관은 등록일자를 밝혀 등록대상자에게 신상정보를 등록한 사실 및 등록한 신상정보의 내

용을 통지하여야 한다.

⑤ 제3항 및 제4항의 요청을 받은 관계 행정기관의 장은 지체 없이 조회 결과를 법무부장관에게 송부하여야 한다.

⑥ 제4항 전단에 따라 법무부장관이 기본신상정보를 등록한 경우에 등록대상자의 변경정보 제출과 사진 촬영에 대해서는 제43조제3항 및 제4항을 준용한다.

⑦ 제1항 또는 제4항 전단에 따라 등록한 정보(이하 "등록정보"라 한다)의 열람, 통지 신청 및 통지의 방법과 절차 등에 필요한 사항은 대통령령으로 정한다.

제45조(등록정보의 관리) ① 법무부장관은 제44조제1항 또는 제4항에 따라 기본신상정보를 최초로 등록한 날(이하 "최초등록일"이라 한다)부터 다음 각 호의 구분에 따른 기간(이하 "등록기간"이라 한다) 동안 등록정보를 보존·관리하여야 한다. 다만, 법원이 제4항에 따라 등록기간을 정한 경우에는 그 기간 동안 등록정보를 보존·관리하여야 한다.

1. 신상정보 등록의 원인이 된 성범죄로 사형, 무기징역·무기금고형 또는 10년 초과의 징역·금고형을 선고받은 사람: 30년

2. 신상정보 등록의 원인이 된 성범죄로 3년 초과 10년 이하의 징역·금고형을 선고받은 사람: 20년

3. 신상정보 등록의 원인이 된 성범죄로 3년 이하의 징역·금고형을 선고받은 사람 또는 「아동·청소년의 성보호에 관한 법률」 제49조제1항제4호에 따라 공개명령이 확정된 사람: 15년

4. 신상정보 등록의 원인이 된 성범죄로 벌금형을 선고받은 사람: 10년

② 신상정보 등록의 원인이 된 성범죄와 다른 범죄가 「형법」 제37조(판결이 확정되지 아니한 수개의 죄를 경합범으로 하는 경우로 한정한다)에 따라 경합되어 「형법」 제38조에 따라 형이 선고된 경우에는 그 선고형 전부를 신상정보 등록의 원인이 된 성범죄로 인한 선고형으로 본다.

③ 제1항에 따른 등록기간을 산정하기 위한 선고형은 다음 각 호에 따라 계산한다. 제2항이 적용되는 경우도 이와 같다.

1. 하나의 판결에서 신상정보 등록의 원인이 된 성범죄로 여러 종류의 형이 선고된 경우에는 가장 무거운 종류의 형을 기준으로 한다.
2. 하나의 판결에서 신상정보 등록의 원인이 된 성범죄로 여러 개의 징역형 또는 금고형이 선고된 경우에는 각각의 기간을 합산한다. 이 경우 징역형과 금고형은 같은 종류의 형으로 본다.
3. 「소년법」 제60조에 따라 부정기형이 선고된 경우에는 단기를 기준으로 한다.
④ 법원은 제2항이 적용(제3항이 동시에 적용되는 경우를 포함한다)되어 제1항 각 호에 따라 등록기간이 결정되는 것이 부당하다고 인정하는 경우에는 판결로 제1항 각 호의 기간 중 더 단기의 기간을 등록기간으로 정할 수 있다.
⑤ 다음 각 호의 기간은 제1항에 따른 등록기간에 넣어 계산하지 아니한다.
1. 등록대상자가 신상정보 등록의 원인이 된 성범죄로 교정시설 또는 치료감호시설에 수용된 기간
2. 제1호에 따른 기간 이전의 기간으로서 제1호에 따른 기간과 이어져 등록대상자가 다른 범죄로 교정시설 또는 치료감호시설에 수용된 기간
3. 제1호에 따른 기간 이후의 기간으로서 제1호에 따른 기간과 이어져 등록대상자가 다른 범죄로 교정시설 또는 치료감호시설에 수용된 기간
⑥ 법무부장관은 제44조제1항에 따른 등록 당시 등록대상자가 교정시설 또는 치료감호시설에 수용 중인 경우에는 등록대상자가 석방된 후 지체 없이 등록정보를 등록대상자의 관할경찰관서의 장에게 송부하여야 한다.
⑦ 관할경찰관서의 장은 등록기간 중 다음 각 호의 구분에 따른 기간마다 등록대상자와의 직접 대면 등의 방법으로 등록정보의 진위와 변경 여부를 확인하여 그 결과를 법무부장관에게 송부하여야 한다.
1. 제1항에 따른 등록기간이 30년인 등록대상자: 3개월
2. 제1항에 따른 등록기간이 20년 또는 15년인 등록대상자: 6개월
3. 제1항에 따른 등록기간이 10년인 등록대상자: 1년
⑧ 제7항제2호 및 제3호에도 불구하고 관할경찰관서의 장은 다음 각 호의 구분에 따른 기간 동안에는 3개월마다 제7항의 결과를 법무부장관에게 송부하

여야 한다.

1. 「아동·청소년의 성보호에 관한 법률」 제49조에 따른 공개대상자인 경우: 공개기간

2. 「아동·청소년의 성보호에 관한 법률」 제50조에 따른 고지대상자인 경우: 고지기간

제45조의2(신상정보 등록의 면제) ① 신상정보 등록의 원인이 된 성범죄로 형의 선고를 유예받은 사람이 선고유예를 받은 날부터 2년이 경과하여 「형법」 제60조에 따라 면소된 것으로 간주되면 신상정보 등록을 면제한다.

② 등록대상자는 다음 각 호의 구분에 따른 기간(교정시설 또는 치료감호시설에 수용된 기간은 제외한다)이 경과한 경우에는 법무부령으로 정하는 신청서를 법무부장관에게 제출하여 신상정보 등록의 면제를 신청할 수 있다.

1. 제45조제1항에 따른 등록기간이 30년인 등록대상자: 최초등록일부터 20년

2. 제45조제1항에 따른 등록기간이 20년인 등록대상자: 최초등록일부터 15년

3. 제45조제1항에 따른 등록기간이 15년인 등록대상자: 최초등록일부터 10년

4. 제45조제1항에 따른 등록기간이 10년인 등록대상자: 최초등록일부터 7년

③ 법무부장관은 제2항에 따라 등록의 면제를 신청한 등록대상자가 다음 각 호의 요건을 모두 갖춘 경우에는 신상정보 등록을 면제한다.

1. 등록기간 중 등록대상 성범죄를 저질러 유죄판결이 확정된 사실이 없을 것

2. 신상정보 등록의 원인이 된 성범죄로 선고받은 징역형 또는 금고형의 집행을 종료하거나 벌금을 완납하였을 것

3. 신상정보 등록의 원인이 된 성범죄로 부과받은 다음 각 목의 명령의 집행을 모두 종료하였을 것

　　가. 「아동·청소년의 성보호에 관한 법률」에 따른 공개명령·고지명령

　　나. 「전자장치 부착 등에 관한 법률」에 따른 전자장치 부착명령

　　다. 「성폭력범죄자의 성충동 약물치료에 관한 법률」에 따른 약물치료명령

4. 신상정보 등록의 원인이 된 성범죄로 부과받은 다음 각 목의 규정에 따른

보호관찰명령, 사회봉사명령, 수강명령 또는 이수명령의 집행을 완료하였을 것

　　가. 제16조제1항·제2항·제4항 및 제8항

　　나. 「형법」 제62조의2제1항

　　다. 「아동·청소년의 성보호에 관한 법률」 제21조제1항·제2항·제4항 및 같은 법 제61조제3항

　　라. 「전자장치 부착 등에 관한 법률」 제21조의3

5. 등록기간 중 다음 각 목의 범죄를 저질러 유죄판결을 선고받아 그 판결이 확정된 사실이 없을 것

　　가. 제50조제3항 및 제5항의 범죄

　　나. 「아동·청소년의 성보호에 관한 법률」 제65조제3항·제5항 및 같은 법 제66조의 범죄

　　다. 「전자장치 부착 등에 관한 법률」 제38조 및 제39조(성폭력범죄로 위치추적 전자장치의 부착명령이 집행 중인 사람으로 한정한다)의 범죄

　　라. 「성폭력범죄자의 성충동 약물치료에 관한 법률」 제35조의 범죄

④ 법무부장관은 제3항 각 호에 따른 요건의 충족 여부를 확인하기 위하여 관계 행정기관의 장에게 협조(「형의 실효 등에 관한 법률」 제2조제8호에 따른 범죄경력조회를 포함한다)를 요청하거나 등록대상자에게 필요한 자료의 제출을 요청할 수 있다. 이 경우 협조를 요청받은 관계 행정기관의 장은 지체 없이 이에 따라야 한다.

제45조의3(신상정보 등록의 종료) ① 신상정보의 등록은 다음 각 호의 어느 하나에 해당하는 때에 종료된다.

1. 제45조제1항의 등록기간이 지난 때

2. 제45조의2에 따라 등록이 면제된 때

② 법무부장관은 제1항에 따라 등록이 종료된 신상정보를 즉시 폐기하여야 한다.

③ 법무부장관은 제2항에 따라 등록정보를 폐기하는 경우에는 등록대상자가

정보통신망을 이용하여 폐기된 사실을 열람할 수 있도록 하여야 한다. 다만, 등록대상자가 신청하는 경우에는 폐기된 사실을 통지하여야 한다.

④ 제3항에 따른 등록정보 폐기 사실의 열람, 통지 신청과 통지의 방법 및 절차 등에 필요한 사항은 대통령령으로 정한다.

제46조(등록정보의 활용 등) ① 법무부장관은 등록정보를 등록대상 성범죄와 관련한 범죄 예방 및 수사에 활용하게 하기 위하여 검사 또는 각급 경찰관서의 장에게 배포할 수 있다.

② 제1항에 따른 등록정보의 배포절차 및 관리 등에 관한 사항은 대통령령으로 정한다.

제47조(등록정보의 공개) ① 등록정보의 공개에 관하여는 「아동·청소년의 성보호에 관한 법률」 제49조, 제50조, 제52조, 제54조, 제55조 및 제65조를 적용한다.

② 등록정보의 공개는 여성가족부장관이 집행한다.

③ 법무부장관은 등록정보의 공개에 필요한 정보를 여성가족부장관에게 송부하여야 한다.

④ 제3항에 따른 정보 송부에 관하여 필요한 사항은 대통령령으로 정한다.

제48조(비밀준수) 등록대상자의 신상정보의 등록·보존 및 관리 업무에 종사하거나 종사하였던 자는 직무상 알게 된 등록정보를 누설하여서는 아니 된다.

제49조(등록정보의 고지) ① 등록정보의 고지에 관하여는 「아동·청소년의 성보호에 관한 법률」 제50조 및 제51조를 적용한다.

② 등록정보의 고지는 여성가족부장관이 집행한다.

③ 법무부장관은 등록정보의 고지에 필요한 정보를 여성가족부장관에게 송부하여야 한다.

④ 제3항에 따른 정보 송부에 관한 세부사항은 대통령령으로 정한다.

제49조의2(간주규정) ① 「군사법원법」 제2조제1항 각 호의 어느 하나에 해당하는 사람(이하 이 조에서 "군인등"이라 한다)에 대하여 제25조제1항, 제27조제2항·제6항, 제29조, 제30조제4항·제5항, 제33조제1항부터 제4항까지, 제34조, 제40조제1항, 제41조, 제42조제2항·제4항을 적용함에 있어 "법원"은 "군사법원"으로, "수사기관"은 "군수사기관"으로, "검사"는 "검찰관"으로, "사법경찰관"은 "군사법경찰관"으로, "국선변호사"는 "변호사 자격이 있는 장교"로 간주한다.

② 군인등에 대하여 제41조제1항을 적용함에 있어 "경찰"은 "군사법경찰관"으로 간주한다.

③ 군인등에 대하여 제33조제3항을 적용함(같은 조 제4항에 따라 준용되는 경우에도 같다)에 있어 "법원행정처장"은 "국방부장관"으로 간주한다.

제4장 벌칙

제50조(벌칙) ① 다음 각 호의 어느 하나에 해당하는 자는 5년 이하의 징역 또는 5천만원 이하의 벌금에 처한다.

1. 제48조를 위반하여 직무상 알게 된 등록정보를 누설한 자

2. 정당한 권한 없이 등록정보를 변경하거나 말소한 자

② 다음 각 호의 어느 하나에 해당하는 자는 3년 이하의 징역 또는 3천만원 이하의 벌금에 처한다.

1. 제24조제1항 또는 제38조제2항에 따른 피해자의 신원과 사생활 비밀 누설 금지 의무를 위반한 자

2. 제24조제2항을 위반하여 피해자의 인적사항과 사진 등을 공개한 자

③ 다음 각 호의 어느 하나에 해당하는 자는 1년 이하의 징역 또는 500만원

이하의 벌금에 처한다.

1. 제43조제1항을 위반하여 정당한 사유 없이 기본신상정보를 제출하지 아니하거나 거짓으로 제출한 자 및 같은 조 제2항에 따른 관할경찰관서 또는 교정시설의 장의 사진촬영에 정당한 사유 없이 응하지 아니한 자

2. 제43조제3항(제44조제6항에서 준용하는 경우를 포함한다)을 위반하여 정당한 사유 없이 변경정보를 제출하지 아니하거나 거짓으로 제출한 자

3. 제43조제4항(제44조제6항에서 준용하는 경우를 포함한다)을 위반하여 정당한 사유 없이 관할 경찰관서에 출석하지 아니하거나 촬영에 응하지 아니한 자

④ 제2항제2호의 죄는 피해자의 명시한 의사에 반하여 공소를 제기할 수 없다.

⑤ 제16조제2항에 따라 이수명령을 부과받은 사람이 보호관찰소의 장 또는 교정시설의 장의 이수명령 이행에 관한 지시에 불응하여 「보호관찰 등에 관한 법률」 또는 「형의 집행 및 수용자의 처우에 관한 법률」에 따른 경고를 받은 후 재차 정당한 사유 없이 이수명령 이행에 관한 지시에 불응한 경우에는 다음 각 호에 따른다.

1. 벌금형과 병과된 경우는 500만원 이하의 벌금에 처한다.

2. 징역형 이상의 실형과 병과된 경우에는 1년 이하의 징역 또는 5백만원 이하의 벌금에 처한다.

제51조(양벌규정) 법인의 대표자나 법인 또는 개인의 대리인, 사용인, 그 밖의 종업원이 그 법인 또는 개인의 업무에 관하여 제13조 또는 제43조의 위반행위를 하면 그 행위자를 벌하는 외에 그 법인 또는 개인에게도 해당 조문의 벌금형을 과(科)한다. 다만, 법인 또는 개인이 그 위반행위를 방지하기 위하여 해당 업무에 관하여 상당한 주의와 감독을 게을리하지 아니한 경우에는 그러하지 아니하다.

제52조(과태료) ① 정당한 사유 없이 제43조의2제1항 또는 제2항을 위반하여 신고하지 아니하거나 거짓으로 신고한 경우에는 300만원 이하의 과태료를 부과한다.

② 제1항에 따른 과태료는 대통령령으로 정하는 바에 따라 관할경찰관서의 장이 부과·징수한다.

찾아보기

공저자약력

민경철 대표변호사
서울 성보고등학교 졸업
서울대학교 경영학과 졸업
미국 노스캐롤라이나 주립대학(UNC) 방문학자 과정 수료
제41회 사법시험 합격
사법연수원 수료(제31기)
대한변호사협회 등록 형사법 전문 변호사
경찰 수사연수원 발전자문위원회
인천 해양경찰서 시민인권보호단 위원(성폭력전담)
서울 강동경찰서 성·가정폭력 전담 자문변호사
검찰총장 표창 2회, 대구고검장 표창 등 표창 수상 외 다수
前) 수원지방검찰청 검사
前) 광주지방검찰청 검사
前) 대전지검 홍성지청 검사
前) 인천지방검찰청 검사
前) 서울북부지방검찰청 검사
前) 대구지방검찰청 검사
前) 수원지검 안양지청 검사
現) 충청남도경찰청 경찰수사 심의위원
現) 법무법인 동광 대표변호사

이형철 대표변호사
부산 해운대고등학교 졸업
서울대학교 법과대학 졸업 (학사)
서울시립대학교 세무전문대학원 졸업 (석사)
영국 캠브리지대학교 방문학자 과정 수료
제31회 사법시험 합격
사법연수원 수료(제 21기)
법무부 통일법무지원단 위원
법제처 용역결과 평가위원
대한변호사협회 검사평가특별위원회 위원
前) 검사 (서울중앙지검 등)

前) 부장검사 (서울북부·서부·남부지검, 부산·울산·광주지검)
前) 법무법인 로고스 파트너 변호사, 형사팀장, 남북경협팀장
現) 법무법인 동광 대표변호사

최민형 변호사

고려대학교 사학과 졸업
한양대학교 법학전문대학원 졸업
대한변호사협회 등록 형사법 전문 변호사

김훈정 변호사

한양대학교 법학과 졸업
경희대학교 법학전문대학원 졸업
대한변호사협회 등록 형사법 전문 변호사

김기석 변호사

명덕외국어고등학교 졸업
서강대학교 법학과 졸업
서울양원초등학교 성희롱 · 성폭력/교원보호위원회 심의위원

류시연 변호사

연세대학교 법학과 졸업
이화여자대학교 법학전문대학원 졸업

김효빈 변호사

중앙대학교 역사학과 졸업
서울시 공익변호사
서울마포초등학교 성희롱 · 성폭력/교원보호위원회 심의위원

류하선 변호사

고려대학교 가정교육과 졸업
한양대학교 법학전문대학원 졸업

24시 성범죄 케어센터

초판발행	2022년 1월 15일
중판발행	2022년 4월 15일
지은이	민경철 · 이형철 · 최민형 · 김훈정 · 김기석 · 류시연 · 김효빈 · 류하선
펴낸이	안종만 · 안상준
편 집	김선민
기획/마케팅	정성혁
표지디자인	이소연
제 작	고철민 · 조영환
펴낸곳	(주) **박영사**
	서울특별시 금천구 가산디지털2로 53, 210호(가산동, 한라시그마밸리)
	등록 1959. 3. 11. 제300-1959-1호(倫)
전 화	02)733-6771
f a x	02)736-4818
e-mail	pys@pybook.co.kr
homepage	www.pybook.co.kr
ISBN	979-11-303-4096-8 93360

정 가   12,000원